HOW TO SAY
IT IN HUNGARIAN

An English — Hungarian Phrase-Book
with Lists of Words

By
L. T. ANDRÁS — M. MURVAI

Tankönyvkiadó, Budapest, 1987

Eighth Edition, 1987

ISBN 963 18 0476 3

A kiadásért felelős a Tankönyvkiadó igazgatója

87-1258 — Szegedi Nyomda
Felelős vezető: Surányi Tibor igazgató

Felelős szerkesztő: dr. Gaali Mária. Utánnyomásra előkészítette: Siórétiné Gyepes Judit. Műszaki igazgatóhelyettes: Lojd Lajos. Kötésterv: Hentz Iván. Műszaki szerkesztő: Kátai Éva. A kézirat nyomdába érkezett 1987. január. Megjelent: 1987. augusztus. Példányszám: 6000. Terjedelem: 7,20 (A/5) ív+1 db melléklet. Készült az 1984. évi hetedik kiadás alapján, gyorsmaratott kliséről, íves magasnyomással, az MSZ 5601—59 és az MSZ 5602—55 szabvány szerint. TA—4374—II/C-8—8789
Raktári szám: 5651

CONTENTS

PART TWO

Elements of Conversation and Communication

INDEX OF LEADING WORDS

(Numbers refer to pages. — *Abbreviations:* sg. = something; sy. = somebody.)

14

INTRODUCTION

1. This English–Hungarian phrase-book and conversation guide is primarily intended for visitors from English-speaking countries. It has been thought, however, that some parts at least of the book might also be used with profit by those Hungarians who come into contact with English people either in Hungary or abroad. This explains the fact that the English language part (based on British English usage with no attempt to include overseas divergencies) is sometimes more elaborate than would have been otherwise necessary.

The sentences are arranged under subject headings; when it would conduce to easier reference, these subject headings are subdivided into smaller sections. Whenever called for, an alphabetical list of words accompanies the sentences; necessary words belonging to none of the subject divisions specifically are added in classified lists in Appendix A. Both the sentences and the words have been chosen to cover in the available space all the real needs of an Everyman Traveller confronted with the general speech-situations as well as those peculiar to Hungary he is most likely to find himself in. The Hungarian equivalents are printed on the right-hand side; this order has, however, been reversed in a few instances when the reader is likely to come across the Hungarian text first, e. g. in official forms, inscriptions, etc. The English sentences are rendered in a free translation, care having been taken to find always the stereotyped sentence that seemed fittest to match the particular situation in current educated colloquial Hungarian. It has not been our aim to provide stretches of connected dialogue because in our view the accidental nature of such set dialogues renders that method inadequate. Though our method entails a certain degree of dictionary dryness and monotony, it is believed that the foreign visitor's aim is to be able to exhange simple information in a compact and ready form rather than to imitate conversations that can never be repeated in real life in exactly the same manner.

2. *The pronoun of address* in Hungarian in threefold: *te*, *ön*, *maga*, the use of each being regulated by fairly intricate and by no means clear-cut social conventions. To simplify the matter it may be suggested that *te* is used in addressing children and intimate friends, especially of one's own sex; *ön* is applied to strangers and formal acquaintances and *maga* to one of the opposite sex with whom one is getting, or wishes to get, better acquainted.

Throughout the book we have given that pronoun form which seemed most appropriate to the imagined situation and the speech context. Where in the vast majority of cases this was not possible, we constructed the sentence with *ön* (pl. *önök*), believing this polite form to be the most necessary one for a foreign visitor. It must be added, however, that since the conjugated Hungarian verb can in itself express person, often no pronoun is needed and, in fact, many people simply avoid the awkward rivalry between them by using none at all. Wherever this can be done conveniently, we follow this practice.

Ön (as also *maga*) is third person grammatically, i. e. its verb is in the third person. This has the incidental advantage for us that our sentences can be used of third persons by simply dropping the subject *ön* when it is expressed. E. g. *Beszél (ön) angolul?* means Do you speak English? and *Beszél angolul?* = Does he/she speak English?

The English *you* is always taken as singular in the Hungarian translations. As there is only one third person pronoun in Hungarian, only *he* is used where the context would admit both *he* and *she*.

3. Although subjects have been selected carefully and broken down to as small units as practicable, a certain amount of overlapping has not been possible, nor would it have been very desirable, to avoid. In addition to cross-references an alphabetical index of leading words has been provided to facilitate easy and quick reference to pages. When the required sentence, phrase or word is found, the user of the book can either point it out to his interlocutor when this is feasible or, if he is more enterprising, he may prefer to read it out. In the case of short utterances or at a more advanced stage he can also choose to memorize the sentences he needs. Those who wish to use their voices rather than their pointing fingers are advised to turn to pp. 17-19 for a thumb-nail introduction to Hungarian pronunciation.

4. As a space-saving device three forms of the bracket have been employed. Their use has made it possible to include substitutable variants, synonyms and optionally omissible words, thereby considerably increasing our material in an economical way without using up more space than would have been otherwise necessary. Before starting to use the book the reader would do well to learn the simple conventions with which these brackets are employed. A full account of them is set out on p. 19.

For errors of omission and also possible misprints we express our regret with the hope that we shall be able to correct them in any future edition.

We wish to acknowledge our debt to all authors whose works we could consult with profit; they are too many to be enumerated here separately. Particular thanks are due to Mr. A. M. Halász whose perspicacity and valuable suggestions are responsible for many improvements on the original draft.

BUDAPEST, *September 1961.*

L. T. ANDRÁS
M. MURVAI

16

NOTES ON HUNGARIAN PRONUNCIATION

Hungarian spelling is fairly consistently phonetic, that is, every letter symbol (single or combined) it uses stands always for one sound and one only. This being so, no special transcription system seems necessary provided the reader familiarizes himself with the sound value of each symbol.

Letters that have about the same value in Hungarian are as follows:

b, d, f, k, m, n, p, t, v, z

In the following the remaining letters of the Hungarian alphabet are explained in terms of differences and similarities set out in relation to standard educated English pronunciation.

a	—	short; similar to *o* in *hot* but with less lip-rounding
á	—	long but not the long pair of *al* Like *aa* in *baa* imitative of a sheep's bleat or *u* in *but*, only lenghtened
c	—	like *ts* in *tsetse* or *puts* but one sound !
cs	—	as *tch* in *catch*
dz	—	like *dz* or *ds* in *adze* or *heads* but one sound !
dzs	—	as *j* in *jazz*
e	—	short; a sound between the vowels of *bet* and *bat*
é	—	long but not the long pair of *el* Like Scottish *a* in *name* or *ay* in English *day* without the second sound of the diphthong
g	—	always hard as in *get*
gy	—	one sound; almost like soft *d* in *duke*. The tongue is thickly pressed against the upper gums
h	—	always sounded
i	—	short; like *i* in *film* but somewhat clearer and like a shortened long English *ee* as in *bee*
í	—	long; the long pair of *i*; as *ee* in *meet*
j	—	as *y* in *yes*

l	–	as *l* in *lily;* never like *l* in *milk*
ly	–	exactly like Hungarian *j;* an old remnant of spelling in some words
ny	–	one sound ; almost like soft *n* in *new.* Very like *gn* in French *cognac.* The tongue is bulged against the whole of the hard palate
o	–	short ; similar to Scottish *o* in *go* but short or *o* in *November*
ó	–	long ; the long pair of the preceding vowel ; similar to Scottish *o* in *go*
ö	–	short ; very like *ö* in German *können;* resembles *er* in *her* but short and the lips are pursed as for whistling
ő	–	long ; the long pair of *ö;* very like *ö* in German *hören;* similar to *er* in *her* but the lips are strongly rounded
r	–	not unlike Scottish rolled *r* as in *rarely ever.* This sound is always pronounced. never omitted as in *park* or *ever*
s	–	as *sh* in *ship*
sz	–	as *s* in *see*
ty	–	one sound ; similar to soft *t* in *tube.* The tongue is pressed thickly against the gums
u	–	short ; like *oo* in *foot* and similar to a shortened version of English *oo* as in *boot*
ú	–	long ; the long pair of *u;* like *oo* in *food*
ü	–	short ; very like *ü* in German *füllen;* a fair approximation is obtained by pronouncing the vowel in *fill* with vigorously pursed lips
ű	–	long ; the long pair of the above sound ; very like *ü* in German *Güte;* similar to French *u* in *debut*, only quite long
zs	–	as *s* in *pleasure*

It is assumed that the chief difficulty of reading Hungarian spelling is caused by the fact that certain familiar letters have strange sounds, while some unfamiliar symbols stand for sounds common to both languages. To assist the reader a key to these two types of (to English people) misleading symbols is printed at the bottom of each facing page. Furthermore, it has been assumed that unfamiliar letters and letter combinations that have unusual sounds are sufficient reminders that their pronunciation has to be learnt from the phonetic explanations on pp. 17-18.

The following supplementary notes may also be helpful to the foreigner :

18

1. The *grave accent* above a vowel letter indicates that the vowel is long. It does not indicate stress (see 6.): *i, ó, ő, ú, ű* are the long pairs of *i, o, ö, u, ü; á* and *é* are long vowels but are better learnt as different from *a* and *e* (see p. 17).

2. *Long consonants* (cp. English *book-case, pen-knife*) are represented by doubled letters : *-kk-, -nn-, -bb-*, etc. The digraphs *cs, gy, ny*, etc. have only their first letter doubled, thus *-ccs-, -ggy-, -nny-*, etc.

3. *Diphthongs* are not a feature of non-dialectal, standard Hungarian.

4. *"Weakenings"* of sounds do not occur in Hungarian; every sound preserves its full value in all situations. There are no mute sounds in Hungarian.

5. *Assimilation* of sounds takes place occasionally. One type of it is when the sounds of two consonant letters coalesce into one sound in pronunciation. The more important of these assimilations will be marked as they occur, see p. 20.

6. *Stress* invariably falls on the beginning (first syllable) of a Hungarian word, no matter how long that word is.

KEY TO THE USE OF BRACKETS

The *square brackets* [ ] enclose one variant or more variants, separated by commas, that can be substituted for the word(s) standing immediately before the brackets. If the Hungarian alternative consists of two words, an article and its noun, for instance, then it takes the place of two words preceding the brackets.

The sentence e. g. Do you speak English [German, French]? = *Beszél ön angolul [németül, franciául]?* is to be read:

Do you speak English?	Beszél ön angolul?
Do you speak German?	Beszél ön németül?
Do you speak French?	Beszél ön franciául?

Similarly, Who came in first [second, third]? = *Ki lett az első [a második, a harmadik]?* comprises the three sentences:

Who came in first?	Ki lett az első?
Who came in second?	Ki lett a második?
Who came in third?	Ki lett a harmadik?

In some sentences a dotted space is left for variable elements to be inserted, e. g. My name is... = *Nevem* ... Hungarian being a language using suffixed to show grammatical relationships, thease suffixes, where they are necessary, appear after the dots, e. g. Let me introduce ... to you = *Bemutatom önnek ... -t,* where the objective suffix *-t* is to be appended (in this case) to the name of the person introduced.

The *round brackets* ( ) enclose a word(s) that can be left out or included as the intended meaning requires. E. g. Thank you (very much) = *Köszönöm (szépen)* is equivalent to

Thank you.	Köszönöm.
or	
Thank you very much.	Köszönöm szépen.

The round brackets are also used for transcriptions of assimilated forms in the Hungarian text. E. g. *utca (ucca)* "street".

The *pointed brackets* ⟨ ⟩ are used for a word(s) or phrase(s) having roughly synonymous meaning with the immediately preceding one(s). E. g. I have a proposition (an idea) = *Van egy javaslatom ⟨ötletem⟩.*

WELCOME TO HUNGARY!

THE FIRST TWENTY-FIVE EXPRESSIONS
A FOREIGN VISITOR MOST NEEDS

Excuse me.	Bocsánat!
Excuse me, cán you tell me the way to . . . ?	Bocsánat, meg tudná mondani, merre van a(z) . . . ?
Good afternoon.	Jó napot (kívánok!)
Good-bye.	Viszontlátásra!
Good evening.	Jó estét (kívánok)!
Good morning.	Jó reggelt (kívánok)!
Good night.	Jó éjszakát (kívánok)!
Here you are.	Tessék!
How do you do?	(On meeting) Üdvözlöm! (Accompanied by handshake) (On being introduced just shake hands and say your name)
How much is this?	Mennyi(be kerül) ez?
I am English [American, Canadian].	Angol [amerikai, kanadai] vagyok.
I (don't) know.	(Nem) tudom.
I don't speak Hungarian.	Nem tudok magyarul.
I (don't) understand.	(Nem) értem.
My name is . . .	. . . vagyok.
No.	Nem.
Please.	Kérem.
See you again.	Viszontlátásra!
Sorry!	Bocsánat!
Thank you (very much).	Köszönöm (szépen).
The bill, please.	Fizetek!
What's the time?	Hány óra?
What's this [that]?	Mi ez [az]?
Where's the [a, an] . . . ?	Hol van a(z) [egy] . . . ?
Yes.	Igen.

*23

PART ONE

I. Foreign Language

I. Idegen nyelv

Do you speak English [German, French]?

Beszél ön angolul [németül, franciául]?

Is there anybody here who speaks English?

Van itt valaki, aki beszél angolul?

I speak a little.

Egy keveset beszélek.

I know just a few words in Hungarian.

Csak egy-két szót tudok magyarul.

I can follow you when you speak slowly.

Tudom követni, amikor lassan beszél.

I can't speak Hungarian, but I speak some German [French, Russian].

Nem tudok magyarul, de beszélek egy kicsit németül [franciául, oroszul].

I don't (quite) understand you.

Nem (egészen) értem.

I can't make myself understood.

Nem tudom megértetni magam.

I can't explain that in English [Hungarian].

Ezt nem tudom megmondani angolul [magyarul].

I need an interpreter.

Tolmácsra van szükségem.

Please show me in this book what you want to say.

Mutassa meg, kérem, ebben a könyvben, mit akar mondani!

I beg your pardon?

Kérem? (Nem értettem.)

Please repeat it.

Ismételje meg, kérem!

cs = ch in chalk; dzs = j in jazz; ly = y in yes; sz = s in see; zs = s in pleasure; accent marks vowel length

Speak a bit slower, please.	Mondja (mongya) lassabban, kérem!
Spell it, please.	Betűzze, kérem!
Write it down here, please.	Írja le ide, kérem!
How do you say this in Hungarian?	Hogy mondják (mongyák) ezt magyarul?
Isn't there another word for it?	Nincs rá egy másik szó?
Pronounce this word, please.	Ejtse (ejcse) ki ezt a szót, kérem!
What does this word [inscription] mean?	Mit jelent ez a szó [felirat]?
Can you follow me?	Érti, amit mondok?
You speak English quite well.	Egészen jól beszél angolul.
Hungarian is a difficult language, because words have endings, and keep changing their form when put in a sentence.	A magyar nehéz nyelv, mert a szavaknak ragjaik vannak, és változtatják (változtatlyák) az alakjukat, amikor a mondatba kerülnek.
Hungarian is a musical language, because it has so many vowels, but its melody sounds rather flat in comparison with English.	A magyar zenei nyelv, mert sok benne a magánhangzó, de a dallama kissé egyhangúnak tűnik az angolhoz viszonyítva.
Hungarian belongs to a family of languages which is represented in Europe only by Finnish and Estonian.	A magyar nyelv egy olyan nyelvcsaládhoz tartozik, amelyet csak a finn és az észt képvisel Európában.
Hungarian has a large vocabulary composed	A magyar nagy szókinccsel rendelkezik,

a — like o in not; c — like ts in puts; o — like Scottish o in go; r — like Scottish r; s — sh in she; u — like oo in look

of native words and borrowings from Slav, Turkish, German, Latin, and there are in it a few words taken from English.

amely eredeti szavakból és szláv, török, német, latin kölcsönszavakból áll, és néhány angolból vett szó is előfordul benne.

II. Personal Matters

1. Name. Birth

Teljes név *or* neve ⟨Név *or* Neve⟩
Családi név *or* neve
Utónév *or* Utóneve
Keresztnév *or* Keresztneve
Előző név *or* neve
Leánykori név *or* neve
Anyja neve

II. Személyes ügyek

1. Név. Születés

Full Name

Surname

} *Christian or First Name*

Previous Name
Maiden Name
Mother's Name

Note. — The Hungarian order of a full name is — contrary to the English — surname and Christian name, e. g. *John Smith = Smith János,* and *Kovács János = John Kovács.* (See also **Addressing Somebody, p. 187.**)

Mikor, hol született?
I was born in London in 1906 [on 10th May, 1925].

Date, Place of Birth
1906-ban (= ezerkilencszázhatban) [1925. május 10-én (= ezerkilencszázhuszonöt május tizedikén)] születtem Londonban.

See **Date**, p. 100.

cs = ch in *chalk*; dzs = j in *jazz*; ly = y in *yes*; sz = s in *see*; zs = s in *pleasure*; accent marks vowel length

What's your name?	Hogy hívják?
	⟨Mi a neve?⟩
My name is ...	(Only name here.)
What's the maiden name of your wife?	Mi a feleségének a leánykori neve?
May I call you by your Christian name?	Hívhatom a keresztnevén?
What's your Christian ⟨first⟩ name?	Mi a keresztneve?
You can call me Bill [Janet].	Szólíthat engem Billnek [Janetnek].
When is your birthday?	Mikor van a születésnapja?

2. Nationality

Állampolgársága
I'm a British [American, Canadian, Australian] citizen ⟨subject⟩.
Dual Nationality ⟨Citizenship⟩

2. Állampolgárság

Nationality ⟨Citizenship⟩
Angol ⟨brit⟩ [amerikai, kanadai, ausztráliai] állampolgár vagyok.
Kettős állampolgárság

Names of Countries and Peoples*

Albania — Albanian	Albánia — albán
America — American	Amerika — amerikai
Austria — Austrian	Ausztria — osztrák
Belgium — Belgian	Belgium — belga
Bulgaria — Bulgarian	Bulgária — bolgár
Canada — Canadian	Kanada — kanadai
China — Chinese	Kína — kínai
Czecho-Slovakia — Czecho-Slovak(ian)	Csehszlovákia — csehszlovák
Denmark — Danish	Dánia — dán

Ország- és népnevek

* Besides European countries and those of interest to English-speaking people only great overseas countries are contained in this list. The second Hungarian form stands also for possible compounds in -*man* and other individualizing forms, such as *Pole, Spaniard*, etc., which are thus left out.

a — like *o* in *not* ; e — like *ts* in *puts* ; o — like Scottish *o* in *go* ; r — like Scottish *r* ; s — *sh* in *she* ; u — like *oo* in *look*

England – English	Anglia – angol
Finland – Finnish	Finnország – finn
France – French	Franciaország – francia
German Democratic Republic (GDR)	Német Demokratikus Köztársaság
German Federal Republic (GFR)	Német Szövetségi Köztársaság
Great Britain – British	Nagy-Britannia – brit
Greece – Greek	Görögország – görög
Holland – Dutch	Hollandia – holland
Hungary – Hungarian	Magyarország – magyar
India – Indian	India – indiai
Ireland – Irish	Írország – ír
Northern Ireland	Észak-Írország
Irish Republic	Ír Köztársaság
Italy – Italian	Olaszország (Itália) – olasz
New Zealand – (New Zealand)	Újzéland – újzélandi
Norway – Norwegian	Norvégia – norvég
Poland – Polish	Lengyelország – lengyel
Portugal – Portuguese	Portugália – portugál
R(o)umania – R(o)umanian	Románia – román
Russia – Russian	Oroszország – orosz
Scotland – Scottish, Scotch	Skócia – skót
Soviet Union – Soviet	Szovjetunió – szovjet
Spain – Spanish	Spanyolország – spanyol
Sweden – Swedish	Svédország – svéd
Switzerland – Swiss	Svájc – svájci
The Republic of South Africa	Dél-Afrikai Köztársaság
Turkey – Turkish	Törökország – török
United States – American	Egyesült Államok – amerikai
Wales – Welsh	Wales – walesi
Yugoslavia – Yugoslav	Jugoszlávia – jugoszláv

3. Marital Status. Sex. Family	3. Családi állapot. Nem. Család
Családi állapota	*Married State*
Nős *(of men)* Férjezett *(of women)* }	*Married*
Nőtlen *(of men)* Hajadon *(of women)* }	*Single*
Elvált	*Divorced*

cs = ch in *chalk;* dzs = j in *jazz;* y = y in *yes;* sz = s in *see;*
zs = s in *pleasure;* accent marks vowel length

Házasságkötés dátuma	*Date of Marriage*
Neme	*Sex*
Férfi *(as noun and attributively)*	*Man*
Nő *(noun)*, női *(attributively)*	*Woman*
Fiú *(as noun and attributively)*	*Boy*
L(e)ány *(as noun and attributively)*	*Girl*
Gyermek	*Child*
Gyermekei	*Children*
Gyermekeinek száma	*Number of (your) children*
Are you married?	{ Nős ? ⟨ Házas ?⟩ *(of men)* { Férjnél van ? *(of women)*
I'm married.	{ Nős vagyok. *(of men)* { Férjnél vagyok. *(of women)*
I'm single.	{ Nőtlen vagyok. *(of men)* Hajadon vagyok. *(of women)*
I'm a widow(er).	Özvegy vagyok.
Have you got a family?	Van családja (családgya)?
I have a son [daughter].	Van egy fiam [lányom].
I have three children, two boys and a girl.	Három gyermekem van, két fiú és egy lány.
I have no children.	Nincs gyermekem.
I'm travelling with my wife (and children).	A feleségemmel (és a gyermekeimmel) utazom.
I have no relatives.	Nincsenek rokonaim.
Is he your relation?	Ő rokona önnek?

a — like o in *not*; e — like *ts* in *puts*; o — like Scottish o in *go*; r — like Scottish *r*; s — *sh* in *she*; u — like oo in *look*

aunt nagynéni

brother testvér {öcs (younger) / bátya (older)}

brother-in-law sógor
cousin unokatestvér
daughter lány
daughter-in-law meny
father apa
  step-~ mostoha~
father-in-law após
fiancé vőlegény
fiancée menyasszony
grandchildren unokák
granddaughter unoka
grandfather nagyapa
grandmother nagyanya
grandson unoka

husband férj
mother anya
  step-~ mostoha~
mother-in-law anyós
nephew unokaöcs
niece unokahúg
parents szülők
sister testvér {húg (younger) / nővér (older)}

sister-in-law sógornő
son fiú
son-in-law vő
twins ikrek
uncle nagybácsi
widow }
widower } özvegy
wife feleség

4. Age / 4. Kor

Kora / *Age*

How old are you? — Hány éves ön?
How old is he? — Hány éves?
May I ask how old you are? — Szabad kérdeznem, hány éves?
I'm thirty-six (years of age). — Harminchat (éves) vagyok.

See **Numerals**, p. 228.

I was thirty-six last May. — Harminchat múltam tavaly májusban.
I shall be thirty-six next May. — Jövő májusban leszek harminchat.
You look much younger. — Fiatalabbnak látszik (láccik).
You don't look it. — Nem látszik annyinak.
I thought she was younger [older]. — Idősebbnek [fiatalabbnak] hittem.
I'm getting old. — Öregszem.

cs = *ch* in *chalk*; dzs = *j* in *jazz*; ly = *y* in *yes*; sz = *s* in *see*; zs = *s* in *pleasure*; accent marks vowel length

We're (of) the same age.	Egykorúak vagyunk.
You're five years older than I am.	Ön öt évvel idősebb nálam.
I wish I were ten years younger!	Bárcsak tíz évvel fiatalabb lennék !

5. Appearance*	5. Megjelenés ⟨Külső⟩
Személyleírás	Description of a person
Termete : Magas [alacsony, közepes]	Height : Tall [short, middle]
Arca : Hosszúkás [kerek, ovális]	Face : Long(ish) [round, oval]
Haja : Göndör [sima, kopasz] Fekete [szőke, gesztenye, barna, vörös, ősz]	Hair : Curly [straight, bald] Black [fair, chestnut, brown, red, gray]
Szeme : Fekete [kék, szürke, barna]	Eyes : Black [blue, gray, brown]
Különös ismertetőjel	Special peculiarity
He is fat [thin, broad-shouldered].	Kövér [sovány, széles-vállú].
She's plump [slim].	Molett [karcsú].
She's (very) pretty [attractive, beautiful].	(Nagyon) csinos [vonzó, szép].
He's good-looking [handsome].	Jóképű [csinos].

* For mental characteristics see under Liking, etc., p. 216 and Dislike, etc., p. 217.

a — like o in not ; e — like ts in puts ; o — like Scottish o in go ; r — like Scottish r ; s — sh in she ; u — like oo in look

6. Education. Schooling*

6. Nevelés. Iskolázás

What schooling have you had?	Milyen iskolái vannak?
What schools have you been to?	Milyen iskolákat végzett?
I went to a public school [boarding school, grammar school, technical school].	„Public school"-ba [középiskolába, gimnáziumba, technikumba] jártam.
I was educated at Oxford [Cambridge].	Oxfordban [Cambridge-ben] nevelkedtem.
I'm a university student at Oxford.	Egyetemi hallgató vagyok Oxfordban.
I receive a (travelling) scholarship.	(Utazási) ösztöndíjat kapok.
I'm working for a degree.	A diplomámon dolgozom.
I'm reading for an exam.	Vizsgára készülök.
When will the examinations take place?	Mikor lesznek a vizsgái?
I've passed my exam(s) successfully.	Sikeresen letettem a vizsgá(i)mat.
I have a degree in ...	Van diplomám ... -ból.
What are you studying?	Mit tanul?
What are your subjects?	Milyen szakos?

See the List of Words below.

My subject is ⟨I read⟩ history [literature, chemistry].	Történelem [irodalom, kémia] szakos vagyok.
I'm studying to become a teacher.	Tanárnak készülök.
I'm a medical [law] student.	Orvostanhallgató [joghallgató] vagyok.

* See also Culture and Education, p. 182.

cs = ch in chalk; dzs = j in jazz; ly = y in yes; sz = s in see; zs = s in pleasure; accent marks vowel length

I'm in the first [second, third, fourth] year.	Első- [másod-, harmad-, negyed-] éves vagyok.
Does he go to school?	Iskolás? ⟨ Iskolába jár?⟩
Will he go on to a university?	Egyetemre fog menni?
I'd like to continue my studies.	Szeretném folytatni a tanulmányaimat.
When does the school year begin [end]?	Mikor kezdődik [végződik] a tanév?
What time is your lecture?	Mikor van az előadása?

Subjects and Sciences /Tudományágak

agronomy mezőgazdaságtan ⟨agronómia⟩	literature irodalom
archaeology régészet	mathematics matematika
architecture építészet	medicine orvostudomány
art history művészettörténet	pedagogy pedagógia
astronomy csillagászat	pharmaceutics gyógyszertan
biochemistry biokémia	philosophy filozófia
biology élettan ⟨biológia⟩	physics fizika
botany növénytan	atom ~ atom~
chemistry vegytan ⟨kémia⟩	physiology fiziológia
economics közgazdaságtan	psychology lélektan
engineering mérnöki tudomány	science tudomány
ethnography néprajz	natural ~ természet~
geography földrajz	political ~ állam~
geology geológia	social ~ társadalom~
history történelem	sociology szociológia
ancient ~ ókori ~	statistics statisztika
modern ~, modern ~	theology teológia
law jogtudomány	veterinary science állat- orvostan
linguistics nyelvészet	zoology állattan

7. Occupation
⟨Profession, Trade⟩

Foglalkozása, hivatása
Munkahelye
What's your profession?

7. Foglalkozás
⟨Hivatás, szakma⟩

Occupation, profession
Place of employment
Mi a foglalkozása?

a — like o in *not* ; e — like *ts* in *puts* ; o — like Scottish o in *go* ; r — like Scottish *r* ; s — *sh* in *she* ; u — like oo in *look*

What's your job [trade]?	Mi a munkaköre [szakmája]?
What do you do for a living?	Miből él?
I'm an engineer [teacher, physician, factory worker, clerk, businessman].	Mérnök [tanár, orvos, gyári munkás, hivatalnok, üzletember] vagyok.
Where do you work?	Hol dolgozik?
Are you employed by the state?	Állami alkalmazott [ön]?
I work in a government office [ministry, business firm].	Egy állami hivatalban [minisztériumban, üzleti cégnél] dolgozom.
How much do you earn a week [month]?	Mennyit keres hetente [havonta]?
I get ⟨earn⟩ 155 pounds a week.	Százötvenöt fontot keresek egy héten.
My salary is 7500 pounds a year.	Évi keresetem hétezerötszáz font.

Occupations, Professions, Trades, Posts/Foglalkozások, szakmák

accountant könyvelő
actor színész
actress színésznő
agronomist agronómus
archaeologist régész (archeológus)
architect építész(mérnök)
art critic műkritikus
artisan kisiparos
artist festőművész
astronomer csillagász
author szerző
baker pék
ballet dancer balett-táncos, *(female)* ~ nő

banker bankár
biochemist biokémikus
biologist biológus
book-keeper könyvelő
botanist botanikus
bricklayer kőműves
businessman üzletember
butcher mészáros
cashier pénztáros, *(female)* ~ nő
chairman elnök
chef főszakács
chemist kémikus
dispensing ~ gyógyszerész

es = *ch* in *chalk;* **dzs** = *j* in *jazz;* **ly** = *y* in *yes;* **sz** = *s* in *see;* **zs** = *s* in *pleasure;* accent marks vowel length

clergyman pap
clerk tisztviselő, *(female)* ~nő
commercial traveller
  kereskedelmi utazó
conductor kalauz, *(female)* ~nő
  (musician) karmester
cook szakács, *(female)* ~nő
(press) correspondent tudó-
  sító
coach edző
councillor (city ~) tanácstag
critic kritikus
dancer táncos, *(female)* ~nő
dentist fogorvos
designer tervező
director igazgató
dock worker dokkmunkás
dramatic critic drámai
  kritikus
draughtsman műszaki
  rajzoló, *(artist)* grafikus
dressmaker női szabó
driver sofőr, vezető
economist közgazdász
education(al)ist pedagógus
electrician villanyszerelő
engine-driver mozdonyvezető
engineer mérnök
  chemical ~ vegyész~
  electric ~ elektro~
  mechanical ~ gépész~
ethnographer etnográfus
factory worker gyári
  munkás, *(female)* ~nő
farmer gazdálkodó
fireman tűzoltó
fisherman halász
fitter szerelő
foreman művezető
furnaceman olvasztár
furrier szűcs
gardener kertész
geographer geográfus
geologist geológus
guard (vasúti) kalauz
guide (cicerone) idegenvezető

hairdresser fodrász,
  (female) ~nő
handicraftsman kézműves
headmaster (iskola)igazgató
historian történész
inspector felügyelő, *(school)*
  szak~
interpreter tolmács
joiner asztalos
journalist újságíró
judge bíró
lawyer ügyvéd
librarian könyvtáros
linguist nyelvész
literary critic irodalom-
  kritikus
locksmith lakatos
manager ügyvezető, igazgató
  factory ~ gyárigazgató
  general ~ vezérigazgató
managing clerk cégvezető
mason kőműves
mathematician matematikus
mayor polgármester
mechanic gépész, szerelő
  motor ~ autószerelő
merchant kereskedő
metal worker fémmunkás
miner bányász
music critic zenekritikus
musician zenész
nurse ápoló, *(female)* ~nő
office worker hivatalnok
officer tiszt
painter festő
  house ~ festő és mázoló
pensioner nyugdíjas
pharmacist gyógyszerész
photographer fényképész
physician orvos, *(female)* ~nő
physicist fizikus
pianist(e) zongoraművész(nő)
pilot pilóta
playwright drámaíró
plumber vízvezetékszerelő
  (gas) gázszerelő

a — like o in *not* ; e — like *ts* in *puts* ; o — like Scottish o in
go ; r — like Scottish r ; s = *sh* in *she* ; u — like *oo* in *look*

poet költő
policeman rendőr
postman postás
postmaster postamester
precision instrument maker
  műszerész
president elnök
printer nyomdász
producer rendező
(university) professor
  (egyetemi) tanár
psychologist pszichológus
railwayman vasutas
referee (döntő)bíró
reporter riporter
sailor tengerész
salesman elárusító (eladó)
  saleswoman ~nő
sculptor szobrász
secretary titkár, (female) ~nő
shoemaker cipész
shop assistant elárusító,
  (female) ~nő
shop-keeper kereskedő
shop steward üzemi bizott-
  sági tag
shorthand typist gép- és
  gyorsíró, (female) ~nő

singer énekes, (female) ~nő
  opera ~ opera~
smith lakatos
soldier katona
sportsman, -woman sportoló
tailor szabó
teacher tanár, (female) ~nő
  primary school ~ tanító,
  (female) ~nő
technician technikus
tool-maker szerszámkészítő
translator fordító
turner esztergályos
typist gépíró, (female) ~nő
undergraduate egyetemi
  hallgató
undersecretary titkár-
  helyettes, (female) ~nő
vet(erinary surgeon) állat-
  orvos
violinist hegedűművész
waiter pincér
waitress pincérnő
watchmaker órás
welder hegesztő
worker munkás, (female) ~nő
  skilled ~ szak~
writer író
zoologist zoológus

8. Residence. Address*

Állandó lakcím ⟨ lakás⟩
Jelenlegi lakcím ⟨ lakás⟩
Mikor érkezett az
  országba?
Mióta lakik ebben az
  országban?
I'm staying at the Béke
  [Astoria, Vörös
  Csillag] Hotel.

8. Lakhely. Cím

Permanent address
Present address
Date of arrival in
  country
How long have you
  resided in this country?
A Béke [az Astoria, a
  Vörös Csillag]
  szállodában lakom.

* See also Writing, Correspondence, p. 172.

gs = ch in *chalk* ; dzs = j in *jazz* ; ly = y in *yes* ; sz = s in
  see ; zs = s in *pleasure* ; accent marks vowel length

I live in Rákóczi út 10. III. 6.

A Rákóczi út 10 (=tíz) III. (=harmadik emelet) 6 (=hat) alatt lakom.

What (postal) district? Ist [IInd, IIIrd] district.

Hányadik kerület? I. (=első) [II. (=második), III. (=harmadik)] kerület.

Here's my address:...

Itt van a címem : ...

III. Travelling. Transport

IV. Utazás. Közlekedés

1. Transport in General

1. Utazás általában

When are you leaving?
Mikor utazik?

I'm leaving tomorrow.
Holnap utazom.

When are you coming back?
Mikor jön vissza?

I'm leaving for Paris Monday week.
Hétfőhöz egy hétre utazom Párizsba.

He's on a business trip in New York.
Üzleti ügyben New Yorkba utazott.

He's gone to Prague [Moscow].
Elutazott Prágába [Moszkvába].

Do you like travelling?
Szeret utazni?

Have you had a pleasant journey?
Kellemes útja *(útjya)* volt?

Are you going by train or by air?
Vonattal vagy repülőgéppel utazik?

Where is there a travel agency?
Hol van egy utazási iroda?

How can I get to the (railway) station [airport, landing-place]?
Hogy jutok el a (vasút)-állomásra ⟨pálya-udvarra⟩ [repülőtérre, hajóállomásra]?

a — like o in *not*; e — like *ts* in *puts*; o — like Scottish o in go; r — like Scottish r; s = *sh* in *she*; u — like oo in *look*

2. Travelling by Train

a. Time-Tables. Booking Tickets

Have you got a railway guide ⟨Bradshaw⟩?

Where's the Inquiry Office?

What time do trains leave for...?

Is there a train back early in the afternoon?

When shall I arrive at...?

Is there a through train to...?

Where must I change?

You must change at...

Are you going by express ⟨fast⟩ [slow] train?

Which train do you go by?

I go by the nine o'clock train.

What time [from which station] does the train leave?

What time does it arrive there?

Does it arrive at... at a quarter past five?

Does it arrive at...?

This train leaves at 10.30 a. m.

Shall I catch the evening [train?]

2. Utazás vonaton

a. Menetrend. Jegyváltás

Van menetrendje (menetrengye)?

Hol van a tudakozó?

Mikor mennek vonatok ... felé?

Van vonat visszafelé kora délután?

Mikor fogok megérkezni ...-be?

Van közvetlen vonat ...-be?

Hol kell átszállnom?

...-ben kell átszállnia.

Gyors- [személy-] vonattal utazik?

Melyik vonattal utazik?

A kilencórás vonattal megyek.

Mikor [melyik állomásról] indul a vonat?

Mikor érkezik oda?

Negyed hatkor érkezik ... be?

...-kor érkezik?

Ez a vonat délelőtt 10.30-kor (=tíz harminckor) indul.

Elérem az esti vonatot?

cs = ch in chalk; dzs = j in jazz; ly = y in yes; sz = s in see; zs = s in pleasure; accent marks vowel length

I'm afraid you'll be late for the eight-forty.	Azt hiszem, a nyolc-negyvenest nem éri el.
We shall just catch the train nicely.	Még éppen kényelmesen elérjük a vonatot.
I missed the (ten o'clock) train.	Lekéstem a (tízórás) vonatról.
When does the next train leave for . . . ?	Mikor indul a következő vonat . . . felé?
Let's hurry up to catch the ten-thirty.	Siessünk, hogy elérjük a tízharmincast !
Will you see me off at the station?	Lenne szíves kikísérni az állomásra?
I'll see you off.	Kikísérem az állomásra.
Let's meet at the station at two.	Találkozzunk kettőkor az állomáson !
You'll find me in the waiting-room.	Megtalál a váróterem-ben.
You will find me with the bags at the train.	Megtalál a csomagokkal a vonatnál.
How long does it take to get to the station?	Mennyi idő alatt érünk ki az állomásra?
Where am I to book my ticket?	Hol válthatom meg a jegyemet?
Where's the booking office?	Hol van a jegypénztár?
Just wait here a moment while I go to the book-ing office.	Várjon itt egy percet, míg elmegyek a jegy-pénztárhoz !
Will you look after my luggage [suitcase] while I get my ticket?	Legyen szíves, vigyáz-zon a csomagomra [bőröndömre], amíg megváltom a jegye-met !
While you are getting the tickets and having	Amíg megváltja (meg-vállya) a jegyeket, és

---

a — like o in not ; c — like ts in puts ; o — like Scottish o in
go ; r — like Scottish r ; ş — sh in she ; u — like oo in look

40

the luggage registered,
I'll be in the waiting-
room [refreshment-
room].
One [two] first return
to Vienna, please.
One [two] second single
to Budapest, please.
How much is it?
Can I book a sleeper ⟨get
a sleeping-car ticket⟩
for . . . tonight?
How long is a return
ticket valid for?

feladja *(felaggyá)* a
poggyászt, én a váró-
teremben [az utas-
ellátóban] leszek.
Egy [két] elsőosztályú
retúrt kérek Bécsbe.
Egy [két] másodosztá-
lyút kérek Budapestre.
Mennyibe kerül?
Kaphatok hálókocsi-
jegyet . . . -be ma
éjszakára?
Meddig érvényes egy
retúrjegy?

b. Luggage

Where's the cloak-room?
I'd like to leave these two
(suit)cases.
What is the charge for
two cases for one day?
How much luggage is
allowed free?
Where's the luggage
office?
Porter! This is my
luggage.
Fetch my luggage from
the luggage office,
please.
Put my suitcase on the
rack, please.
Take this case to the
platform, please.

b. Csomag

Hol van a ruhatár?
Itt szeretném hagyni
ezt a két bőröndöt.
Mennyit fizetek a két
bőröndért egy napra?
Mennyi poggyászt en-
gednek díjmentesen?
Merre van a poggyász-
feladás?
Hordár! Ez az én
poggyászom.
Kérem, hozza el a
poggyászomat a
raktárból!
Tegye a bőröndömet
a poggyásztartóba!
Kérem, vigye ezt a
bőröndöt a peronra!

I'd like to register this suitcase.	Szeretném feladni ezt a bőröndöt.
Will it go by the same train?	Ugyanazzal a vonattal megy?
My cases are already on the way to Budapest.	A bőröndjeim (bőröngyeim) már útban vannak Budapest felé.
I'd like to make a complaint. One small suitcase is missing.	Panaszt szeretnék tenni. Egy kis bőrönd hiányzik.
I left my umbrella [camera] in the train.	A vonaton hagytam az esernyőmet [a fényképezőgépemet].

c. At the Station. Train Journey

c. Az állomáson. A vonaton

I got a platform ticket to see you into the train.	Vettem egy peronjegyet, hogy kikísérjem a vonatig.
See whether you can get two corner-seats.	Próbáljon két saroknhelyet szerezni!
Traffic is not very heavy on this line.	Ezen a vonalon nincs túl nagy forgalom.
Where is the way to platform C, please?	Kérem, hogy jutok ki a C (=cé) peronra?
Which platform does the train for Prague [Debrecen] start from?	Melyik vágányról indul a prágai [debreceni] vonat?
Which platform does our train leave from?	Melyik vágányról indul a mi vonatunk?
It leaves from platform . . .	A(z) . . .-ik vágányról indul.
Is the train in?	Benn van a vonat?
Is this the . . . train?	Ez a(z) . . .-i vonat?
The train is late.	A vonat késik.

a — like o in *not*; e — like *ts* in *puts*; o — like Scottish o in *go*, r — like Scottish *r*; s — *sh* in *she*; u — like *oo* in *look*

The train is due at ...	A vonatnak ... -kor kell érkeznie.
The train will start in five minutes.	A vonat öt perc múlva indul.
Hurry up, the train's just about to start!	Siessen, a vonat éppen indul!
Get in at once!	Szálljon be azonnal!
Is this seat engaged?	Foglalt ez az ülőhely?
Any more seats in this compartment?	Van még szabad hely ebben a szakaszban?
There's plenty of room at the front.	Elöl sok hely van.
The train is overcrowded.	Túlzsúfolt a vonat.
Is this carriage heated?	Fűtött kocsi ez?
Is this a through carriage?	Közvetlen kocsi ez?
Find me a (non-)smoker ((non-)smoking-car-(riage) [-compart-ment]), please.	Kérem, keressen nekem egy (nem)dohányzó kocsit [szakaszt]!
I prefer sitting facing the engine.	Jobban szeretek menet-iránnyal szemben ülni.
Can one smoke here?	Lehet itt dohányozni?
Do you mind me smoking?	Megengedi, hogy rágyújtsak (rágyújcsak)?
Do you mind me opening the window?	Megengedi, hogy ki-nyissam az ablakot?
Please do.	Igen, tessék csak!
It's dreadfully hot in here.	Szörnyű meleg van itt!
Would you mind chang-ing seats with me?	Lenne szíves helyet cserélni velem?
Tickets, please.	Kérem a (menet)jegye-ket!
I have lost my ticket.	Elvesztettem a jegyemet.

cs = ch in chalk; dzs = j in jazz; ly = y in yes; sz = s in see; zs = s in pleasure; accent marks vowel length

You have to pay extra as your ticket is not valid for an express train.	Kiegészítőt kell fizetnie, mert a jegy nem érvényes gyorsvonatra.
Have I got on the wrong train?	Rossz vonatra szálltam?
Is this the right train (am I right) for ...?	Ez a vonat megy ... felé?
What station is this?	Melyik állomás ez?
How long do we stop here [at ...]?	Meddig állunk itt [... -ben]?
Get off at the next stop.	Szálljon le a következő állomáson!
Have I time to get out for a few moments?	Van időm, hogy kiszálljak egy pár percre? [kocsi?]
Where is the dining-car?	Merre van az étkező-}
Is there a restaurant-car on this train?	Van ezen a vonaton étkezőkocsi?
Do we have to get tickets for lunch [dinner]?	Meg kell váltani előre az ebédjegyet [a vacsorajegyet]?
What time [at which station, platform] does the train arrive?	Mikor [melyik állomásra peronra] érkezik meg a vonat?
What time do we get to ...?	Mikor érkezünk ... -be?
... is two hours' run from here.	... innen két órai út.
The running is very good on this line.	Jó a közlekedés ezen a vonalon.
All change for ...!	Átszállás ... felé!
The train is half an hour late. If we don't get a move on, we shall miss the connection.	A vonat fél órát késik. Ha nem hozza be a késést, nem kapunk csatlakozást.

a — like o in *not*; c — like *ts* in *puts*; ö — like Scottish o in *go*; r — like Scottish *r*; s — *sh* in *she*; u — like oo in *look*

44

How long do I have to wait at…?	Mennyit kell várnom …-ben?
Where is the way out?	Merre van a kijárat?

For inscriptions at the station see **Appendix B,** p. 230.

### 3. Travelling by Air	### 3. Utazás repülőgépen
I want to travel by air.	Repülőgépen akarok utazni.
Is there a direct air(line) service between Budapest and Bruxelles?	Van közvetlen légijárat Budapest és Brüsszel között?
Is there a direct service to London.	Van közvetlen légijárat Londonba?
There is a non-stop route between Budapest and London.	Leszállás nélkül juthat Budapestről Londonba.
When do passanger planes leave for…?	Mikor indulnak az utas-gépek …-be?
What time does the plane leave for…?	Mikor indul a gép …-be?
How many days in advance must I book my air-ticket?	Hány nappal előbb kell a repülőjegyemet megváltani?
I want to fly to London next week.	A jövő héten akarok Londonba repülni.
How much is an air-ticket to Paris?	Mennyibe kerül egy repülőjegy Párizsba?
No more tickets left for Friday.	Nincs már ⟨több⟩ jegy péntekre.
Is luggage paid separately?	Külön kell fizetni a poggyászért?
What is the free baggage allowance?	Milyen súlyú csomag szállítható felár nélkül?

cs = *ch* in *chalk;* dzs = *j* in *jazz;* ly = *y* in *yes;* sz = *s* in *see;* zs = *s* in *pleasure;* accent marks vowel length

Can I have a ticket reserved?	Rezerváltathatok egy jegyet?
Are meals and refreshments served on flight?	Szolgálnak fel ételt és frissítőket a légiút alatt?
What's the route of that plane?	Mi annak a repülőgépnek az útvonala?
What's the flying-time?	Mennyi a repülő menetideje?
Where do we touch down on our way?	Hol szállunk le útközben?
Which airport will the plane land on?	Melyik repülőtéren száll le a gép?
You'll have to change to another plane in Prague.	Prágában át kell szállnia egy másik gépre.
How often do planes fly between ... and ...?	Milyen gyakran járnak gépek ... és ... között?
You can fly from London to Paris in an hour.	Egy óra alatt Londonból Párizsba repülhet.
I'll see you off at the airport?	Kikísérem a repülőtérre.
Is there a coach service to the airport?	Van buszjárat a repülőtérre?
How far is it from the airport to the town?	Mennyire van a repülőtér a várostól?
I feel sick.	Rosszul érzem magamat.
Stewardess, a glass of water, please.	Stewardess, kérem, legyen szíves egy pohár vizet adni!
Have you ever been up in an aeroplane?	Utazott már repülőgépen?

a — like o in *not* ; e — like ts in *puts* ; o — like Scottish o in go ; r — like Scottish r ; s — sh in *she* ; u — like oo in *look*

Yes, I've often flown to . . .	Igen, gyakran repültem . . .-be.
I find this service very convenient.	Nagyon kényelmesnek találom ezt a járatot.

4. Travelling by Boat ⟨Ship⟩

4. Utazás hajón

I want to travel by boat.	Hajón szeretnék utazni.
When does our liner [boat] start for . . .?	Mikor indul a hajónk . . .-be?
At what intervals do boats ply between . . . and . . .?	Milyen időközönként közlekednek a hajók . . . és . . . között?
When does this boat leave?	Mikor indul ez a hajó?
There is no room left on this boat.	Nincs hely ezen a hajón.
From which landing-place do excursion boats start for Esztergom [Visegrád]?	Melyik hajóállomásról indulnak kiránduló-hajók Esztergomba [Visegrádra]?
Aren't we supposed to reserve places in advance?	Nem kell helyet foglalnunk előre?
How long does the crossing take?	Mennyi ideig tart az átkelés?
Does this ship call at . . .?	Kiköt ez a hajó . . .-ban?
How long does the ship stop here?	Meddig áll a hajó itt?
Pass up the gangway, please.	Beszállás a hajóba!
Who is going to take my luggage on board?	Ki viszi fel a csomagomat a hajóra?
Let's go on board.	Menjünk (mennyünk) fel a fedélzetre!

cs = ch in chalk; dzs = j in jazz; ly = y in yes; sz = in see; zs = s in pleasure; accent marks vowel length

*47

Can I have a deck-chair?	Kaphatok egy nyug-ágyat?
We shall be landing in a minute.	Mindjárt (mingyárt) kikötünk.
Let's meet on the quay.	Találkozzunk a rak-parton!
Did you have a pleasant crossing?	Sima volt az átkelésük?
I feel [felt] sea-sick.	Rosszul vagyok [voltam].
I'm never sea-sick.	Sose kapok tengeri-betegséget.
The sea is rough [smooth, calm].	A tenger hullámos [sima, csendes].

5. Travelling by Car

5. Utazás autóval ⟨kocsival⟩

Can you drive a car?	Tud kocsit vezetni?
I'm travelling in my own car.	A saját kocsimon utazom.
Can one park here?	Szabad itt parkolni?
Don't drive so fast, the roads are very slippery.	Ne hajtson (hajcson) olyan gyorsan, csúszós nagyon az út!
Where's the nearest filling-station?	Hol van a legközelebbi benzinkút?
I want 10 litres of petrol.	Tíz liter benzint kérek.
The oil must be changed.	Cserélni kell az olajat.
My car has broken down.	Defektet kaptam.
My engine doesn't work well.	Nem működik jól a motorom.
I've got a flat tire.	Gumidefektet kaptam.
One of the tires must be mended.	Az egyik gumit meg kell javítani.

a — like o in not; e — like ts in puts; o — like Scottish o in go; r — like Scottish r; s = sh in she; u — like oo in look

48

Please wash my car.   Kérem, mossa le
                          a kocsimat!

Note. — In Hungary, as in most continental countries, the traffic regulations differ from those in Britain as the rule here is to **keep to the right and overtake on the left.**

accumulator akkumulátor
body karosszéria
brake fék
chassis alváz
clutch kuplung
cylinder henger
engine motor
gear sebességváltó
horn duda
motor repair shop autó-
  javító műhely

mudguard sárhányó
parking-area parkolóhely
petrol benzin
seat ülés
speed sebesség
speedometer sebességmérő
spotlight reflektor
(pneumatic) tyre autógumi
wheel volán
window scraper ablak-
  tisztító

6. Town Transport: Tram, Bus, Trolley-(-Bus), Underground

6. Városi közlekedés: villamos, busz, troli-(busz), földalatti

Which bus [tram, trolley] goes to. . . ?

Hányas busz [villamos, troli] megy a(z) . . . felé?

Can you tell me where bus [tram] number six stops?

Meg tudná mondani, (hogy) hol áll meg a hatos busz [villamos]?

Does this bus [tram] go down . . . Street?

Ez az autóbusz [a villamos] megy a(z) . . . utcán *(uccán)*?

Which bus [tram, trolley] ought I to take for . . . ?

Melyik busszal [villa-mossal, trolival] kell mennem a(z) . . . felé?

Is there a bus from here to . . . ?

Megy innen busz a(z) . . felé?

cs = *ch* in *chalk*; **dzs** = *j* in *jazz*; **ly** = *y* in *yes*; **sz** = *s* in *see*; **zs** = *s* in *peasure*; accent marks vowel length

Does bus number five stop on this side of the street or across the road	Az ötös busz ezen az oldalon áll meg vagy a másikon?
Where is the next bus [tram] stop?	Hol van a légközelebbi busz- [villamos-] megálló?
Let's cross the road, the bus stop is on the other side.	Menjünk (mennyünk) át, a buszmegálló a túloldalon van!
Hurry up, I'm afraid we shan't catch the bus.	Siessünk, félek, hogy nem érjük el a buszt!
What bus is this?	Milyen busz ez?
Is this the right bus for..	Jó ez a busz a(z) ... felé?
It doesn't go our way.	Ez nem jó nekünk.
This is the bus we take.	Ez a mi autóbuszunk.
Let's get on [off].	Szálljunk fel [le]!
There is no room.	Nem férünk föl. ⟨Nincs hely.⟩
How often do the buses run along this line?	Milyen gyakran járnak a buszok ezen a vonalon?
Fares, please.	Kérem a jegyeket!
What's the fare to ...?	Mennyi a viteldíj ..ig?
The fare from the station to the hotel is ...	...a viteldíj az állomástól a szállodáig.
Have I got to change?	Át kell szállnom?
Please tell me where to get off [change].	Kérem, szóljon, hol kell leszállnom [átszállnom]!
Which bus [tram, trolley] ought I to change to?	Melyik buszra [villamosra, trolira] kell átszállnom?
Where am I to get off for...?	Hol kell leszállnom a(z) ...-hoz?

a — like o in *not;* e — like *ts* in *puts;* o — like Scottish o in *go;* r — like Scottish *r;* s — *sh* in *she;* u — like *oo* in *look*

Where should I tell the conductor to put me off?	Hol szóljon a kalauz hogy szálljak le?
Where are we now?	Hol vagyunk most?
This is where you get off.	Itt kell leszállnia.
This is where you change to No. 6.	Itt kell átszállnia a hatosra.
You have to go to the terminus.	A végállomásig kell mennie.
You get off at the second [third, next] stop.	A második [harmadik, következő] megállónál szálljon le!
I'll get off at the third [next] stop from here.	A harmadik (következő] megállónál leszállok.
Wait a moment, I'm getting off here.	Várjon egy percet, leszállok!
Excuse me, conductor, can I get to . . . Street by underground?	Kérem, kalauz, mehetek földalattival a(z) . . . utcába (uccába)?
You can go there only by trolley-bus.	Csak trolibusszal tud oda menni.
When does the last bus [tram] pass here?	Mikor megy erre az utolsó busz [villamos]?
Shall I have far to walk after I get off?	Sokat kell még leszállás után gyalogolnom?
The only way to get there is to walk.	Csak gyalog lehet oda jutni.

---

s = *ch* in *chalk;* dzs = *j* in *jazz;* ly = *y* in *yes ;* sz = *s* in *see;* zs = *s* in *pleasure;* accent marks vowel length

7. Taxi

Let's go by taxi.	Menjünk *(mennyünk)* taxin !
Call a taxi, please.	Hívjon, kérem, egy taxit!
Where's a taxi-rank [-stand]?	Hol van egy taxi-állomás?
Dial 22-22-22.	Hívja fel a 22-22-22-t !
Send a car to the Astoria [Béke] Hotel; name:	Kérek egy kocsit az Asztória [a Béke] szállóhoz, ... névre.
Will there be taxis in front of the station?	Lesz taxi az állomáson?
If you are ready, I'll send for a taxi.	Ha készen van, taxiért küldök.
Here comes a taxi.	Itt jön egy taxi.
Hallo! Are you dis-engaged?	Halló, szabad?
Take us to ... Street.	Vigyen minket a(z) ... utcába *(uccába)*!
Take me to the Grand Hotel, please.	Vigyen, kérem, a Nagyszállóhoz !
Put me down at the corner.	Tegyen le a sarkon !
Stop, driver, we are here.	Álljon meg, kérem, itt vagyunk !
What's the fare?	Mennyivel tartozom?
Did you pay off the driver?	Kifizette a sofőrt?
This is on me. ⟨Let me pay for the fare.⟩	Ezt én fizetem! ⟨Hadd fizessek én !⟩
What is the fare for taking me to the station?	Mennyi a viteldíj az állomásig?
Here you are. You can keep the change.	Tessék! Az apró a magáé.

(N. B. — A tip, which is not obligatory, is usually about 10% of the fare.)

a — like o in *not* ; e — like ts in *puts* ; o — like Scottish o in *go* ; r — like Scottish r ; s — sh in *she* ; u — like oo in *look*

8. Inquiring One's Way

8. Tájékozódás

Excuse me, sir, can you tell me the way to ... Street?	Bocsánat, uram, meg tudná mondani, merre van a(z) ... utca *(ucca)?*
How can I get to ...?	Hogy jutok el a(z) ...-hoz?
Which is the nearest way to ... Square?	Melyik a legrövidebb út a(z) ... térre?
Is this the right way to ⟨am I right for⟩ the National Museum?	Jó irányba megyek a Nemzeti Múzeum felé?
I've lost my way.	Eltévedtem.
I've lost my bearings.	Nem ismerem ki magamat.
I'm a perfect stranger here.	Én teljesen idegen vagyok errefelé.
Can you direct me to the station?	Meg tudná mondani, hogy jutok el az állomásra?
How far is it from here to ...?	Milyen messze van innen a(z) ...?
How long will it take me?	Mennyire van az ide?
It will take you a quarter of an hour.	Negyed óra alatt odaér.
Which road should I take to ...?	Melyik úton kell mennem a(z)... felé?
Which way should I go?	Merre kell mennem?
Excuse me, can you tell me where the British Legation is?	Bocsánat, meg tudná mondani, hol van az angol követség *(köveccség)?*
Go straight down this street.	Menjen *(mennyen)* végig ezen az utcán *(uccán)!*

cs = ch in *chalk;* **dzs** = j in *jazz;* **ly** = y in *yes;* **sz** = s in *see;* **zs** = s in *pleasure;* accent marks vowel length

At the third street turn to the left [right].	A harmadik utcánál (uccánál) forduljon balra [jobbra]!
At the next cross-roads turn to the left [right].	A következő útkereszteződésnél térjen balra [jobbra]!
Cross ⟨ go across⟩ the road.	Menjen (mennyen) át az úttesten!
That's on the left-[right-] hand side.	A bal [jobb] oldalon van.
You're going in quite the wrong direction.	Egészen rossz irányba megy.
Go in the opposite direction.	Menjen (mennyen) ellenkező irányba!
Go straight ahead.	Menjen (mennyen) tovább egyenesen!

9. Passport. Visa

9. Útlevél. Vízum

Where must I apply for a passport [visa]?	Hol kell útlevelet [vízumot] kérnem?
Where's the Passport Office?	Hol van az útlevél-hivatal?
Is your passport in order?	Rendben van az útlevele?
My passport has not yet been visaed.	Még nem láttamozták az útlevelemet.
Where can I have my visa prolonged?	Hol hosszabbíttathatom meg a vízumomat?
I want to prolong it for two days [a week].	Két nappal [egy héttel] akarom meg-hosszabbíttatni.
He's been refused a visa.	Nem kapott vízumot.
Get your passports ready, please.	Kérem, készítsék elő az útleveleket!

a — like o in not; e — like ts in puts; o — like Scottish o in go; r — like Scottish r; s — sh in she; u — like oo in look

Your passport is in order.	Az ön útlevele rendben van.
How long do you wish to stay in Hungary?	Meddig szándékozik Magyarországon maradni?

10. Getting Through the Customs

10. Vámvizsgálat

Will our luggage be examined?	Megvizsgálják a poggyászunkat?
Where do they examine the luggage?	Hol vizsgálják meg a poggyászt?
Hand luggage is examined here.	A kézipoggyászt itt vizsgálják meg.
Which way to the customs?	Merre van a vámhivatal?
Will you, please, help me with the filling up of this customs declaration?	Legyen szíves segíteni a bevallási ív kitöltésében!
Have you anything to declare?	Van valami elvámolnivalója?
I have nothing to declare.	Semmi elvámolnivalóm sincs.
I have articles for personal use and wear only.	Csak személyes használati tárgyak vannak nálam.
It's for my own use.	Ezt magam használom.
These things are for my private use.	Ezek a saját használati tárgyaim.
I have only articles already used.	Csak használt dolgaim vannak.
I have a few presents for relatives.	Néhány ajándékot viszek rokonoknak.

cs = ch in *chalk*; dzs = j in *jazz*; ly = y in *yes*; sz = s in *see*; zs = s in *pleasure*; accent marks vowel length

Open this box, please.	Kérem, nyissa ki ezt a dobozt !
Be careful, please, there are some fragile things in it.	Kérem, vigyázzon, törékeny holmi van benne !
These are free of duty, aren't they?	Ezek vámmentesek, ugye?
Do I have to pay duty on these articles?	Fizetek ezek után a dolgok után vámot?
Is that dutiable? I didn't know.	Ez vámköteles? Nem tudtam !
How much have I to pay?	Mennyit kell fizetnem?
Have you any tobacco, spirits, scent, a camera or jewelry?	Van önnél dohány, szesz, illatszer, fényképezőgép vagy ékszer?
You need not pay any duty on small quantities of tobacco and spirits.	Kis mennyiségű dohányért és szeszes italért nem kell vámot fizetnie.
Are you bringing in any foreign [Hungarian] currency?	Van önnél külföldi [magyar] valuta ⟨pénz⟩ ?

11. Trip Abroad

11. Külföldi utazás

How long have you been in Hungary?	Mióta van Magyarországon?
I arrived (in Hungary) only a few days ago.	Csak pár napja érkeztem (Magyarországra).
I'll stay in Hungary a few days [a week, two weeks].	Pár napig [egy hétig, két hétig] maradok Magyarországon.
Where do you come from?	Honnan jön ön? ⟨Hová való ön?⟩

a — like o in *not*; e — like *ts* in *puts*; o — like Scottish o in *go*; r — like Scottish r; s — *sh* in *she*; u — like *oo* in *look*

56

What nationality?
I am English (an Englishman, -woman).

I'm a member
of the English
[Scottish, American]
delegation.

I'm an English sportsman [commercial
traveller, businessman,
tourist].

I'm making a trip
of the East European
countries. I want
to see for myself what
life is like in Hungary
today.

I'm on a study tour.

I've come over from
Vienna [Prague] for
a couple of days.

I've come to see some
relatives [acquaintances]. I'm staying
with them.

From Hungary I'm
going on to Czecho-
Slovakia [Rumania,
Austria, the Soviet
Union, Yugoslavia,
Poland,
the German Democratic Republic.]

Milyen nemzetiségű?
Angol vagyok.

Én az angol [a skót,
az amerikai] delegáció
tagja vagyok.

Angol sportoló [kereskedelmi utazó,
üzletember, turista]
vagyok.

Látogató körúton
vagyok a kelet-európai országokban. Látni akarom, milyen az
élet a mai Magyarországon.

Tanulmányúton vagyok.

Bécsből [Prágából]
jöttem át egy pár
napra.

Rokonokat [ismerősöket] jöttem meglátogatni. Náluk
lakom.

Magyarországról
továbbmegyek Csehszlovákiába
[Romániába,
Ausztriába,
a Szovjetunióba,
Jugoszláviába,
Lengyelországba,
a Német Demokratikus Köztársaságba].

---

cs = ch in chalk; dzs = j in jazz; ly = y in yes; sz = s in see;
zs = s in pleasure; accent marks vowel length

After Budapest I'd like to see the country [Lake Balaton].	Budapest után szeretném látni a vidéket [a Balatont] is.
This is my first visit to Hungary.	Először vagyok Magyarországon.
I want to see Dunaújváros.	Meg akarom nézni Dunaújvárost.
I've been in Hungary before.	Már voltam Magyarországon.
I was in Hungary before the war.	A háború előtt (már) voltam Magyarországon.
Which hotel are you staying at?	Melyik szállodában lakik?
How do you like Budapest [Hungary]?	Hogy tetszik (teccik) Budapest [Magyarország]?
What impressions have you got of Hungary?	Milyen benyomásokat szerzett Magyarországról?
What do you like most?	Mi tetszik (teccik) leginkább?
What did you like most?	Mi tetszett (teccett) leginkább?
Budapest is a very nice city, especially its surroundings are lovely.	Budapest nagyon szép város, különösen a fekvése gyönyörű.
I'm greatly enjoying my stay here.	Nagyon élvezem az ittlétet.
I was impressed to see how much building is being done in and around the city.	Megkapott, mennyi ház épül a városban és körülötte.

a. — like o in *not*; e — like *ts* in *puts*; o — like Scottish o in *go*; r — like Scottish *r*; s — *sh* in *she*; u — like oo in *look*

58

The streets are clean, the people are well-dressed, and seem contented.	Az utcák *(uccák)* tiszták, az emberek jól öltözöttek, és megelégedettnek látszanak *(láccanak).*
The shops are full of goods and customers.	Az üzletek tele vannak áruval és vásárlóval.
The variety is great, and some of the goods seem to be first-rate.	A választék nagy, és némelyik áru igazán elsőrendűnek látszik *(láccik).*
I cannot compare with pre-war Hungary, but it is now a growing, prosperous country by any standards.	Nem tudok összehasonlítást tenni a háború előtti Magyarországgal, de ma fejlődő, virágzó ország, bármilyen mércével mérve.
I've found people (everywhere) civil [friendly, helpful, hospitable].	Az emberek (mindenütt) udvariasak [barátságosak *(baráccságosak),* segítőkészek, vendégszeretők].

IV. Hotel. Lodgings

1. Hotel

Can you recommend me a good hotel?	Tud nekem egy jó szállodát ajánlani?

V. Szálloda. Lakás

1. Szálloda

Which hotels provide first [de luxe, tourist] class accomodation?	Melyek az elsőosztályú [az osztályonfelüli, a másodosztályú] szállodák?
Which is the best [largest] hotel in Budapest?	Melyik a legjobb [legnagyobb] szálloda Budapesten?

cs = ch in *chalk;* dzs = j in *jazz;* ly = y in *yes;* sz = s in *see;* zs = s in *pleasure;* accent marks vowel length

Where's the Duna Intercontinental [Astoria, Béke, Gellért, Grand] Hotel?	Hol van a Duna Intercontinental [az Astoria, a Béke, a Gellért, a Nagy-] szálló?

See **Map** at the end of the book.

I prefer a central hotel.	Jobban szeretnék egy központban fekvő szállodát.
Can you let me have a single room with a bathroom?	Kaphatok egy egyágyas szobát fürdőszobával?
Can you let me have a double (-bed) room?	Kaphatok egy kétágyas szobát?
Have you got a nice quiet room?	Van egy szép, csendes szobájuk?
I've booked a single (-bed) room here.	Rendeltem itt egy egyágyas szobát.
Last Monday I phoned you about a room.	Múlt hétfőn telefonáltam önöknek egy szoba miatt.
Is there a room reserved for me?	Van itt egy szoba számomra lefoglalva?
I reserved a room by cable.	Táviratí úton foglaltam egy szobát.
Is it a front room or a back one?	Utcai (uccai) szoba vagy udvari?
It's a room on the first floor.	Első emeleti szoba.
Is there running hot water in the room?	Van meleg víz a szobában?
Can I telephone from my room?	Telefonálhatok a szobámból?
What's the price of this room for a day?	Mi az ára ennek a szobának egy napra?

a – like *o* in *not;* **e** – like *ts* in *puts;* **o** – like Scottish *o* in *go;* **r** – like Scottish *r;* **s** = *sh* in *she;* **u** – like *oo* in *look*

That's rather expensive for me.	Ez nekem nagyon drága.
Perhaps you have a less expensive [smaller] room?	Talán van olcsóbb [kisebb] szobájuk?
This room doesn't suit me.	Ez a szoba nem felel meg nekem.
Have you no other room to give me?	Nem tudna egy másik szobát adni nekem?
All right, I'll take this room.	Rendben van, ezt a szobát fogom kivenni.
I shall stay for one night only.	Csak egy éjszakára szállok meg.
I expect to stay for a week.	Előreláthatólag egy hétig maradok.
I shall be staying about a week [month].	Körülbelül egy hétig [hónapig] maradok.
Would you mind writing your name and address?	Lenne szíves felírni a nevét és a címét?
Will you fill up this form, please?	Legyen szíves, töltse *(töltse)* ki ezt a kérdő-ívet !

Családi neve	*Surname*
Keresztneve ⟨Utóneve⟩	*Christian ⟨First⟩ name*
Állampolgársága	*Nationality*
Foglalkozása	*Occupation*
Állandó lakcíme	*Permanent address*
Születési helye	*Where born*
Születési éve, hónapja, napja	*Date of birth*
Aláírás	*Signature*

See **Name, Birth,** p. 27, **Nationality,** p. 28, **Occupation ⟨Profession, Trade⟩,** p. 34, **Date,** p. 100.

cs = ch in *chalk*; dzs = *j* in *jazz*; ly = *y* in *yes*; sz = *s* in *see*; zs = *s* in *pleasure*; accent marks vowel length

Here are your keys.	Tessék, itt vannak a kulcsai!
What time are meals served?	Mikor vannak az étkezések?
Have you a table d'hôte here?	Van itt közös étkezés?
How much do you charge a head?	Mennyit számítanak fel fejenként?
Can I have breakfast in my room?	Reggelizhetem a szobámban?
We're leaving tomorrow morning.	Holnap reggel (el)megyünk.
I'll leave tomorrow.	Holnap (el)utazom.
Everything is ready for my departure.	Útrakészen állok.
I want to settle my hotel bill.	Rendezni szeretném a hotelszámlámat.
Let me have my bill, please.	Kérném a hotel- számlámat.
Let me have my bill every week, please.	Hetenként kérem a számlámat.
If you like, I can pay in advance.	Ha akarja, fizethetek előre.
There's a mistake in the bill.	Tévedés van a számlá- ban.
Send my luggage to the airport.	Küldje *(külgye)* a csoma- gomat a repülőtérre!
I'll recommend your hotel to my friends.	Ajánlani fogom szállodá- jukat a barátaimnak.

See also **Service**, p. 64, **Washing, Cleaning**, p. 66, **Getting up**, p. 73, **Going to Bed**, p. 75 and **Washing, Bathing**, p. 77.

---

a — like o in *not* ; e — like *ts* in *puts* ; o — like Scottish o in *go* ; r — like Scottish r ; s — *sh* in *she* ; u — like *oo* in *look*

2. Looking for Lodgings

I have to see about rooms.

Can you recommend me a good boarding house in Budapest?

I'm going to take a furnished room in a quiet house.

Do you know of a nice flat for us?

Have you any rooms to let?

What sort of rooms have you to let?

I've come to look at the room you have to let.

I see you have some furnished rooms to let.

I want one room [two rooms].

I want a double(-bed) room.

It's for me.

There are two of us.

I share a room with a friend of mine.

Could I see the room?

Where is the bathroom?

Has this room a private bath?

How much do you ask for this room?

What's the price for a week [month]?

2. Szobakeresés

Szoba után kell néznem.

Tud ajánlani egy jó penziót Budapesten?

Bútorozott szobát akarok kivenni egy csendes házban.

Nem tudna nekünk egy jó lakást?

Van kiadó szobája?

Milyen kiadó szobája van?

A kiadó szobát jöttem megnézni.

Úgy látom, van kiadó bútorozott szobája.

Egy [két] szobára van szükségem.

Kétágyas szobára van szükségem.

A magam részére.

Ketten vagyunk.

Egy szobában lakom egy barátommal.

Megnézhetem a szobát?

Hol van a fürdőszoba?

Van a szobához külön fürdőszoba?

Mennyit kér ezért a szobáért?

Mennyi a lakbér egy hétre [hónapra]?

---

cs = ch in chalk; dzs = j in jazz; ly = y in yes; sz = s in see; zs = s in pleasure; accent marks vowel length

Does this include the use of the sitting-room?	Benne van ebben a nappali szoba használata?
Are there any extras?	Van még, amit külön kell fizetni?
Do you provide meals?	Itt is étkezhetem? ⟨Kaphatok kosztot is?⟩
Is there a telephone in the room?	Van telefon a szobában?
Is there a lift in the house?	Van lift a házban?
Can one reach the house easily by bus [tram]?	Könnyen elérhető a ház buszon [villamoson]?
Would you need meals?	Kosztot is kér?
Just bed and breakfast.	Csak szobát és reggelit.
Well, I must think it over.	Még gondolkoznom kell rajta.
This will suit me all right.	Ez nagyon megfelel.
I'll take the room.	Kiveszem a szobát.
I shall want the room today.	A mai naptól kezdve van szükségem a szobára.
On what day can I come ⟨move⟩ in?	Melyik napon foglalhatom el ⟨költözhetem be⟩?
I suppose I can come in at once, can't I?	Most rögtön beköltözhetem, ugye?

3. Service

3. Kiszolgálás

Please show me my room.	Kérem, mutassa meg a szobámat!
Where is the lift [lavatory, dining-room]?	Hol van a lift [a mosdó, az ebédlő]?

a — like *o* in *not*; e — like *ts* in *puts*; o — like Scottish *o* in *go*; r — like Scottish r, s = *sh* in *she*; n — like *oo* in *look*

Please have my things brought up to my room.	Kérem, a csomagjaimat küldjék *(külgyék)* fel a szobámba!
This door leads to ...	Ez az ajtó vezet a(z) ... -hoz.
I'm going out, if anyone calls, tell him I shall be back in an hour.	Elmegyek, ha valaki keres, mondja *(mongya)* azt, hogy egy óra múlva visszajövök.
Did anyone call ⟨ask⟩ for me?	Keresett valaki?
Did anyone leave a message for me?	Nem hagyott valaki üzenetet nekem?
The bell doesn't work.	Rossz a csengő.
Can you bring me ...?	Tudna hozni ...-t nekem?
Do you want anything else?	Parancsol még valamit?
No, thank you, I'm all right for the moment.	Köszönöm, egyelőre nem kérek mást.
I want to take a hot bath every morning.	Meleg fürdőt akarok venni mindennap.
There is no hot water.	Nincs meleg víz.
My room hasn't been done ⟨cleaned⟩.	A szobám nincs kitakarítva.
Wake me at ... sharp.	Keltsen *(kelcsen)* fel pontosan ...-kor!
I need another blanket.	Kérek egy másik takarót.
Give my overcoat a good brushing.	Kefélje ki jól a felöltőmet!
Can you sew this button on for me?	Fel tudná varrni nekem ezt a gombot?
I cannot shut that suitcase.	Nem tudom bezárni ezt a bőröndöt.

cs = *ch* in *chalk*; dzs = *j* in *jazz*; ly = *y* in *yes*; sz = in*s* see; zs = *s* in *pleasure*; accent marks vowel length

Please help me to pack my things.	Kérem, segítsen *(segítcsen)* csomagolni!
It's yours.	Ez a magáé.

4. Washing. Cleaning — 4. Mosatás. Tisztítás

I'd like to send some clothes [linen] to the wash ⟨laundry⟩.	Szeretnék néhány ruhát [fehérneműt] mosásba (mosodába) adni.
How much do you charge for a shirt?	Mennyit kér egy ingért?
Can I have my shirts washed?	Kimosathatom az ingeimet?
When can you let me have the washing back?	Mikorra kapom meg a kimosott ruhát?
When will my washing be ready?	Mikor kapom meg a kivasalt ruhát?
I must have it by Thursday.	Csütörtökre meg kell kapnom.
Can this cloth be washed?	Mosható ez a szövet?
This material cannot be washed.	Ez az anyag nem mosható.
Be careful with the washing of my silk dress.	Ügyeljen a selyemruhám mosására!
Can you iron my dress for me?	Ki tudná vasalni a ruhámat?
This is non-iron material.	Ezt az anyagot nem kell vasalni!
(Don't) starch my shirts.	(Ne) keményítse *(keményíccse)* ki az ingeimet!
Let me have the laundry list, please.	Kérem a mosócédulát!

a — like o in *not;* **e** — like *ts* in *puts;* **o** — like Scottish o in *go;* **r** — like Scottish *r;* **s** — *sh* in *she;* **u** — like *oo* in *look*

This handkerchief does not belong to me.	Ez a zsebkendő nem az enyém.
That's not my mark.	Ez nem az én monogramom.
Mine is marked A. L.	Az enyémen A. L. monogram van.
This isn't washed properly.	Ez nincs rendesen kimosva.
I'd like to get my suit cleaned.	Szeretném kitisztíttatni az öltönyömet.
I must get my coat cleaned.	Ki kell tisztíttatnom a kabátomat.
I've got grease stains on my skirt.	Zsírpecsétes a szoknyám.
Where's there a good cleaner's?	Hol van egy jó tisztító?
Do you think you can remove this stain?	Ki tudja *(tuggya)* venni ezt a foltot?
I want to have it dry-cleaned.	Szárazon szeretném kitisztíttatni.
I'd like to wash my blouse.	Szeretném kimosni a blúzomat.

5. Fire. Lighting

5. Fűtés. Világítás

It's cold, we shall have to light the fire.	Hideg van, be kell fűtenünk.
It's rather cool in my room.	Meglehetősen hideg van a szobámban.
I let the fire go out.	Ki hagytam a tüzet aludni.
Let's build up the fire.	Tegyünk még a tűzre!
Put on two or three pieces of wood, it will soon burn up.	Tegyen rá két-három darab fát, hamar fel fog éledni!

cs = ch in chalk; dzs = j in jazz; ly = y in yes; sz = s in see; zs = s in pleasure; accent marks vowel length

Put on some more coal.	Tegyen még rá szenet!
The fire is very low.	Alig ég a tűz.
How much fuel do you use up a day?	Mennyit tüzel el naponta?
We have central heating.	Nálunk központi fűtés van.
Is the central heating on?	Működik a központi fűtés?
The central heating is out of order.	A központi fűtés nem működik.
I prefer a fireplace.	Jobban szeretem a kandallót.
It's too warm in here.	Túl meleg van idebenn.
I can't sleep in a heated room.	Nem tudok fűtött szobában aludni.
My room can't be heated properly.	A szobám kifűthetetlen.
Switch on [off] the light, please.	Gyújtsa *(gyújcsa)* fel [oltsa *(olcsa)* el] a villanyt, legyen szíves!
I can't see now, it is very dark here.	Nem látok már, nagyon sötét van itt.
My lamp's burned out.	Kiégett a lámpám.
The fuse is blown out.	Kiégett a biztosíték.
Where can I get a new electric bulb?	Hol kapok egy új (villany)körtét?
Call an electrician to fix it up.	Szóljon a villany-, szerelőnek, hogy javítsa *(javiccsa)*meg!
The light's gone out.	Kialudt a világítás.

6. House. Flat. Garden

6. Ház. Lakás. Kert

Where do you live?	Hol lakik?
I live in this street [house].	Ebben az utcában *(uccában)* [a házban]lakom.

a — like o in *not* e — like *ts* in *puts*; o — like Scottish o in *go*; r — like Scottish *r*; s = *sh* in *she*; u — like oo in *look*

They live in the last house but one in this street.	Az utolsó előtti házban laknak ebben az utcában *(uccában)*.
Do you live in a flat or in a house of your own?	Bérelt lakásban lakik, vagy a saját házában?
They have a house of their own.	Saját házuk van.
I prefer to live in a little house of my own.	Jobban szeretek a magam kis házában lakni.
They live in a block of flats.	Bérházban laknak.
We have just taken a furnished flat.	Most vettünk ki egy bútorozott lakást.
Which floor do you live on?	Hányadik emeleten lakik?
I live on the ground floor.	A földszinten lakom.
I live on the fifth floor.	Az ötödik emeleten lakom.
The lift isn't working.	A lift nem működik.
I hate running up and down the stairs.	Nem szeretek a lépcsőn le-felszaladgálni.
They have a nicely furnished flat with every modern convenience.	Szépen berendezett lakásuk van összkomforttal.
What a lovely house you have got!	Milyen szép háza van!
It's really a charming flat.	Valóban elragadó ez a lakás!
How many rooms have you?	Hány szobájuk van?
We have two [three] rooms.	Két [három] szobánk van.
The flat is centrally heated.	A lakás központi fűtéses.

cs = *ch* in *chalk*; dzs = *j* in *jazz*; ly = *y* in *yes*; sz = *s* in *see*; zs = *s* in *pleasure*; accent marks vowel length

Have you got constant hot water?	Van állandó meleg víz?
There is only a cold shower.	Csak hideg zuhany van.
Do you cook on gas?	Gázon főz?
I cook on an electric cooker.	Villannyal főzök.
Have you got a fridge?	Van hűtőszekrénye?
Have you a char?	Van takarítónője?
I clean the room myself.	Magam takarítom a szobát.
Shall I lock the door?	Bezárjam az ajtót?
With whom shall I leave the key?	Kinél hagyjam *(hagygyam)* a kulcsot?
Leave the key with the porter, will you?	Hagyja *(haggya)* a kulcsot a házfelügyelőnél!
It's stuffy in here, couldn't we let in some fresh air?	Rossz levegő van itt, nem szellőztethetnénk ki?
Is there a garden attached to the house?	Van a háznak kertje *(kertye)* is?
What kinds of fruit trees have you got?	Milyen gyümölcsfái vannak?
What sort of flowers do you grow?	Milyen virágokat termeszt?

armchair karosszék (fotel)
ash-tray hamutartó
balcony erkély (balkon)
bath fürdőkád
bathroom fürdőszoba
bed ágy
bed-clothes ágynemű
bedroom hálószoba
bed-side lamp éjjeliszekrény-lámpa
bed-side table éjjeliszekrény
bedspread ágyterítő

bed-sitting-room kombinált szoba
bell csengő
blanket takaró
bookcase könyvszekrény
bookshelf könyvespolc
carpet szőnyeg
chair szék
chandelier csillár
chest of drawers fiókos szekrény
clothes-hanger ruhaakasztó

a — like o in *not*; e — like *ts* in *puts*; o — like Scottish o in *go*; r — like Scottish *r*; s — *sh* in *she*; u — like oo in *look*

corridor folyosó
couch dívány
counterpane ágyterítő
cupboard pohárszék
curtain függöny
cushion (dívány)párna
desk íróasztal
dining-room ebédlő
door ajtó
drawing-room szalon
elder-down dunyha
furniture bútor(zat)
hall hall
key kulcs
kitchen konyha
lamp lámpa
lavatory mosdó (W. C. = vécé)
looking-glass tükör
lounge hall
mirror tükör
pantry éléskamra
picture kép
pillow párna

plug konnektor
quilt paplan
rack fogas
radiator fűtőtest (radiátor)
reading-lamp olvasólámpa
refrigerator hűtőszekrény
room szoba
(bed-)sheet lepedő
sitting-room nappali
smoking-table dohányzó-
     asztal
stove kályha
study dolgozószoba
switch kapcsoló
table asztal
table-cloth (asztal)terítő
tap vízcsap
vacuum cleaner porszívó
vase váza
wardrobe ruhásszekrény
wash-basin mosdótál (kagyló)
wash-stand mosdó(állvány)
window ablak

V. Money. Exchange

Have you got any money on you?

Have you any forints?

I have no money [cash] on me.

I have some money [change].

Have you got some change?

I have no change.

I've got ten forints in cash.

I've spent all my money.

V. Pénz. Pénzváltás

Van önnél pénz?

Van forintja *(forintya)?*

Nincs nálam pénz [készpénz].

Van pénzem [apróm].

Van aprópénze ⟨aprója⟩?

Nincs aprópénzem.

Tíz forintom van kész-pénzben.

Elköltöttem az összes pénzemet.

---

cs = ch in *chalk*; dzs = j in *jazz*; ly = y in *yes*; sz = s in
   see; zs = s in *pleasure*; accent marks vowel length

I've got twenty forints left.	Húsz forintom maradt.
I've got three hundred forints.	Háromszáz forintom van.
I have to manage on this much till Friday.	Ebből kell kijönnöm péntekig.
I can get along on eight hundred forints a week.	Nyolcszáz forintból kijövök egy héten.
I'm saving up (money).	Félreteszem a pénzemet.
I've run short of money.	Kifogytam a pénzemből.
I'm rather hard up.	Pénzzavarban vagyok.
I'm broke.	Nincs egy vasam sem.
Will you lend me fifty [a hundred] forints?	Legyen szíves, adjon (aggyon) kölcsön nekem ötven [száz] forintot!
I will pay you back next month [week].	A jövő hónapban [héten] visszafizetem.
I'll let you have the money tomorrow.	Holnap visszafizetem.
Could you spare me a few forints?	Ki tudna segíteni egy pár forinttal?
I've left my money at home.	Otthon felejtettem a pénzemet.
I forgot to bring any money.	Elfelejtettem pénzt hozni.
How much do you want?	Mennyit parancsol?
Five hundred forints will do, I think.	Ötszáz forint elég lesz, azt hiszem.
Six hundred (forints) ought to see me through ⟨carry me over⟩.	Hatszáz (forint) elég kell hogy legyen.
Can you change this note?	Fel tudja (tuggya) váltani ezt a pénzt?
Can you give me some change for this?	Fel tudná váltani ezt nekem?

a — like o in *not;* e — like *ts* in *puts;* o — like Scottish o in *go;* r — like Scottish *r;* s = *sh* in *she;* u — like oo in *look:*

72

How much do I owe you?	Mennyivel tartozom?
That makes ten forints	Az összesen tíz forint.
That makes twenty forints seventy fillers.	Az összesen húsz forint hetven fillér.
Must I pay in ready money?	Készpénzzel kell fizetnem?
It's pay-day today.	Ma adják *(aggyák)* a fizetést.
I haven't received my money [salary, fee] yet.	Még nem kaptam meg a pénzemet [fizetésemet, honoráriumomat].
Where's the cashier's office?	Hol van a pénztár?
Can you change some money for me, please?	Beváltana nekem pénzt?
What's the rate of exchange?	Mi a beváltási árfolyam?
I want to open a current account, please.	Folyószámlát szeretnék nyitni.

bank bank		**fine** pénzbírság	
bank-note bankjegy		**loan** kölcsön	
cash advance pénzelőleg		**money** pénz	
cashier pénztáros		**money transfer** pénzátutalás	
cashier's office pénztár		**numismatist** régipénz-gyűjtő	
change apró(pénz)		**old coin** régi pénz	
coin pénzérme		**pay-desk (counter)** pénztár	
collector pénzbeszedő		**rate of exchange** árfolyam	
currency valuta		**ready money** készpénz	
debt adósság		**sum** összeg	

VI. Everyday Activities

1. Getting up

What time do you get up as a rule?

Mikor szokott felkelni?

I'm an early riser.

Koránkelő vagyok.

VI. Mindennapos tevékenység

1. Felkelés

---

cs = ch in *chalk;* dzs = j in *jazz;* ly = y in *yes;* sz = s in *see;* zs = s in *pleasure;* accent marks vowel length

I get up at seven.	Hétkor szoktam' fél- kelni.
I get up at about eight.	Nyolc óra körül kelek fel.
In winter I get up half an hour later.	Télen fél órával később kelek.
You get up very early.	Nagyon korán kel .fel.
Did you sleep well?	Jól aludt?
I had a good night's rest.	Jól aludtam.
How did you sleep last night?	Hogy aludt az éjjel?
Not at all well, I spent a very bad night.	Egyáltalán nem jól. Rossz éjszakám volt.
I did'nt sleep a wink all night.	Egy szemernyit sem aludtam.
I couldn't get to sleep.	Nem tudtam elaludni.
I was awake all night.	Egész éjjel ébren voltam.
I can't sleep well lately.	Nem tudok aludni az utóbbi időben.
I was awake till two in the morning.	Éjjel kettőig ébren voltam.
I wake up at every noise.	Minden zajra felébredek.
When do you want to get up?	Mikor akar felkelni?
Wake up, it's time to get up.	Ébredjen (ébreggyen), ideje felkelni!
Wake up, it's time to leave.	Keljen fel, mindjárt (mingyárt) indulni kell.!
What about getting up?	Nem kellene felkelni?
You forgot to wake me this morning.	Elfelejtett ma reggel felkelteni.
I've been up an hour.	Egy órája fenn vagyok.
I've been up for the last two hours.	Már két órája fenn vagyok.
I've only just woke up.	Most ébredtem csak fel.

a — like o in not ; e — like ts in puts ; o — like Scottish o in go ; r — like Scottish r ; s — sh in she ; u — like oo in look

I should like to have
a cup of tea in bed.
I'll have it at once,
before I get up.
What did you dream
of last night?
I'm just getting up.
I'll be down in a minute.

I shan't be ready for
half an hour yet.
I shan't be long.
I shall be ready for break-
fast in about half
an hour.

Egy csésze teát kérnék
ágyba.
Most rögtön kérem,
mielőtt felkelek.
Mit álmodott az éjjel?

Már kelek is fel.
Egy perc múlva lent
leszek.
Csak fél óra múlva
leszek kész.
Nem fog soká tartani.
Körülbelül fél óra múlva
kész leszek a reggeli-
hez.

2. Going to Bed

What time do you
generally go to bed?
I never go to bed before
eleven.
I hardly ever go to bed
before midnight.
I think it's time to go
to bed.

Would you like to go
to bed?
Are you feeling sleepy
[tired]?
Aren't you sleepy?
I don't feel sleepy a bit
⟨at all⟩.

2. Lefekvés

Általában mikor szokott
lefeküdni?
Tizenegy előtt sohasem
szoktam lefeküdni.
Éjfél előtt nemigen
szoktam lefeküdni.
Azt hiszem, ideje, hogy
lefeküdjünk (le-
feküggyünk).
Nem akarna lefeküdni?

Álmos [fáradt]?

Nem álmos?
Egy cseppet sem vagyok
álmos.

es = ch in chalk; dzs = j in jazz; ly = y in yes; sz = s in
see; zs = s in pleasure; accent marks vowel length

I hate going to bed early.	Nem szeretek korán lefeküdni.
I feel sleepy [tired].	Álmos [fáradt] vagyok.
I'm dead tired.	Halálos fáradt vagyok.
I'm fagged out.	Ki vagyok merülve.
I'm nearly asleep.	Már majd elalszom.
I'm exhausted.	Ki vagyok merülve.
Are you a good [bad] sleeper?	Jó [rossz] alvó?
I have to take something to send me to sleep.	Be kell vennem valamit, hogy aludni tudjak (tuggyak).
I overslept(this morning).	Elaludtam (ma reggel).
He fell asleep in a minute.	Egy perc alatt elaludt.
Well, I'm going to bed.	Na, én lefekszem.
If you'll excuse me, I'll be getting to bed.	Ha megengedi, én már lefekszem.
Do you mind if I sit up a little longer?	Nem haragszik, ha én még egy kicsit fenn maradok?
You can stay up if you like.	Fenn maradhat, ha akar.
We shall have to stay up tonight.	Fenn kell maradnunk ma éjjel.
Sleep well.	Aludjon (aluggyon) jól!
Pleasant dreams!	Szép álmokat!
When do you want to get up?	Mikor óhajt felkelni?
Please wake me up at seven.	Legyen szíves hétkor felkelteni!
What time do you generally wake up?	Általában mikor ébred?
Would you like anybody to call you?	Óhajtja (óhajtya), hogy ébresszék?

a — like o in not; **e** — like ts in puts; **o** — like Scottish o in go; **r** — like Scottish r; **s** — sh in she; **u** — like oo in look

76

Will you tell the chamber-maid to call me at six thirty, please?	Legyen szíves szólni a szobalánynak, hogy fél hétkor szóljon be!
Have you got an alarm-clock?	Van ébresztőórája?
I will set the alarm-clock for six.	Hatra fogom beállítani az ébresztőórát.
I feel cold, may I have another blanket?	Fázom, kaphatnék még egy takarót?
I don't think one blanket will keep me warm enough.	Azt hiszem, egy takaró nem lesz elég meleg.
Please change the sheet [pillow], it's not very clean.	Cserélje ki, kérem, a lepedőt [párnát], nem éppen tiszta!
Do you sleep with the window open?	Nyitott ablaknál alszik?
I sleep with the window open.	Nyitott ablaknál alszom.
I usually read in bed before going to sleep.	Elalvás előtt olvasni szoktam.
I don't drink strong coffee before going to bed.	Lefekvés előtt nem iszom erős kávét.

3. Washing. Bathing
3. Mosakodás. Fürdés

May I have a wash?	Megmosakodhatnék?
Where is the bathroom?	Hol van a fürdőszoba?
Is the bathroom free?	Szabad a fürdőszoba?
Please let me have a cake of soap and a towel.	Kérnék szépen szappant és törülközőt!
Do you take a cold or a hot bath?	Hideg vagy meleg vízben fürdik?
I like to take a hot bath every morning.	Szeretek minden reggel meleg vízben fürdeni.

cs = ch in chalk; dzs = j in jazz; ly = y in yes; sz = s in see; zs = s in pleasure; accent marks vowel length

There's only a cold shower.	Csak hideg zuhany van.
In summer I have a shower-bath every day.	Nyáron mindennap zuhanyozom.
There isn't enough water in the bath.	Nincs elég víz a fürdő-kádban.
The water is not hot.	Nem meleg a víz
I always brush my teeth after meals.	Étkezés után mindig fogat mosok.
Is there anywhere here a Turkish bath?	Van itt valahol gőz-fürdő?
I'd like to cure my rheumatism at a good spa.	Szeretném a reumámat gyógyíttatni egy jó fürdőhelyen.
Let's get a ticket for the bath.	Váltsunk *(válcsunk)* fürdőjegyet!
Don't you want to wash your hands?	Nem akar kezet mosni?
Can I wash my hands?	Megmoshatnám a kezemet?
Where's the lavatory ⟨toilet⟩?	Hol van a mosdó ⟨W. C. (=vécé)⟩?
Where's the ladies' room [gentlemen's room]?	Hol van a női mosdó ⟨W. C.⟩ [férfi mosdó ⟨W. C.⟩]?
Is there a public convenience near here?	Van a közelben nyilvános W. C.?

bath fürdő, fürdőkád
bathing-wrap fürdőköpeny
comb fésű
dressing-mirror toalett-tükör
electric razor villanyborotva
hairbrush hajkefe

nail-brush körömkefe
nail- (manicure-) scissors körömolló
razor-blade borotvapenge
safety-razor zsilett
shaving-cream borotvakrém

---

a — like o in *not;* c — like *ts* in *puts;* o — like Scottish o in *go;* r — like Scottish *r;* s = *sh* in *she;* u — like *oo* in *look*

shaving-stick borotvaszappan
shower zuhany
soap szappan
soap-dish szappantartó
sponge szivacs
toilet-paper toalett-⟨W. C.-⟩ papír
tooth-brush fogkefe
tooth-paste fogkrém
towel törülköző

For words see also **At a Perfumery**, p. 151.

4. At the Barber's
⟨At the Men's Hair-dresser's⟩

4. A borbélynál
⟨A férfifodrásznál⟩

Where's a barber's ⟨*men's hairdresser's*⟩*?*
Hol van egy borbély ⟨férfifodrász⟩?

My hair is too long.
A hajam túl hosszú.

I must have a hair-cut.
Le kellene vágatnom a hajamat.

Do you go to the barber's to be shaved?
Borbélynál borotvál-kozik?

I shave myself.
Magam szoktam borotválkozni.

I shave once [twice] a day.
Naponta egyszer [kétszer *(kéccer)*] borotválkozom.

I always shave with a safety-razor.
Zsilettel borotválkozom.

Hair-cut and shave, please.
Hajvágást és borotválást kérek.

Just a hair-cut, please.
Csak hajvágást kérek.

A quick shave, please.
Csak egy gyors borot-válást kérek.

The razor isn't sharp enough.
A borotva nem elég éles.

Cut it short at the sides.
Vágja oldalt rövidre!

Short at the back, please.
Hátul rövidre kérem.

You may take away a little more at the sides [on the top].
Oldalt [fent] még levehet.

cs = ch in *chalk;* **dzs** = j in *jazz;* **ly** = y in *yes;* **sz** = s in *see;* **zs** = s in *pleasure;* accent marks vowel length

Part it on the left [on the right, in the middle].	Válassza el baloldalt [jobboldalt, középen]!
I'm growing bald. ⟨I'm getting thin on top.⟩	Kopaszodom. ⟨Ritkul a hajam.⟩
My hair is falling out.	Hullik a hajam.
Could you recommend me some hair lotion?	Tudna nekem valami hajápolószert ⟨hajszeszt⟩ ajánlani?
Be careful, my skin is a bit sensitive.	Vigyázzon, a bőröm egy kicsit érzékeny!
Rinse with Eau de Cologne, and powder a little, please.	Kölnit és egy kis púdert kérek.
Whose turn next, please?	Ki következik?

5. At the Ladies' Hairdresser's

5. A női fodrásznál

Where is a ladies' hairdresser's?	Hol van egy női fodrász?
I want to have a hair-do.	Meg akarom csináltatni a hajamat.
I want a shampoo and set, please.	Egy mosást és berakást kérek.
Do you want a permanent wave or just a set?	Tartós hullámot vagy csak berakást parancsol?
A permanent wave, please.	Tartós hullámot kérek.
I only want the ends permed.	Csak a végébe tegyen tartós hullámot.
Trimming and shampoo, please.	Igazítást és hajmosást kérek.
Don't use this shampoo.	Ne használja ezt a sampont!

a — like o in *not*; e — like *ts* in *puts*; o — like Scottish o in *go*; r — like Scottish r; s — *sh* in *she*; u — like oo in *look*

Don't cut at the back.	Hátul ne vágja le!
It's all right in front now.	Most jó elöl.
Do you think short hair would suit me better?	Gondolja, hogy jobban állna nekem a rövid haj?
I think this style suits [flatters] me.	Azt hiszem, ez a frizura jól áll [előnyös] nekem.
Should I have my hair dyed?	Megfestessem a hajamat?
I want my hair and eyelashes dyed.	Szeretném befestetni a hajamat és a szempillámat.
I should like to make an appointment for Tuesday to have my hair washed and set.	Szeretném bejelenteni magamat keddre, mosásra és berakásra.
How much do I owe you?	Mennyivel tartozom?
I should like a manicure.	Manikűrt szeretnék.
Please cut my nails.	Kérem, vágja le a körmömet!
Just polish them, please.	Csak fényesítse *(fényesítse)* ki, kérem!
Is there a beauty parlour here?	Van itt kozmetika is?
What sort of cosmetics do you use?	Milyen kozmetikai szereket használ?
Could I have a facial ⟨face massage⟩, please?	Arckezelést szeretnék.
A face-do, please.	Egy kikészítést kérek.

cs = ch in *chalk*; dzs = j in *jazz*; ly = y in *yes*; sz = s in *see*; zs = s in *pleasure*; accent marks vowel length

6. Dressing. Clothes

6. Öltözködés. Ruházat

She looks very pretty [smart] in her new dress.

Nagyon csinos [divatos] az új ruhájában.

He dresses well.

Jól öltözik.

She wore a lilac low-necked evening dress.

Egy kivágott nyakú orgonalila estélyi ruha volt rajta.

What shall I wear?

Mit vegyek fel?

Shall I wear a black suit [dress]?

Fekete ruhát vegyek fel?

Evening dress is optional.

Estélyi ruha nem kötelező.

I have to go home to change.

Haza kell mennem átöltözni.

I'll put on my best dress [suit].

A legjobb ruhámat veszem fel.

How do you like it?

Hogy tetszik (teccik)?

It goes well with yellow [blue].

Jól illik a sárgához [kékhez].

You're too lightly dressed.

Túl könnyen van öltözve.

Put on something warm.

Vegyen fel valami meleget!

It's very cold today, you had better put on an overcoat.

Hideg van ma, jobb lenne, ha kabátot venne fel.

It looks like rain, take your mack(intosh).

Esőre áll, vegyen ballont!

Is this jacket [dress] tailor-made or ready-made?

Csináltatott vagy készen vett zakó [ruha] ez?

This suit [dress] stands hard wear and tear well.

Ez az öltöny [ruha] jól bírja a napi strapát.

a — like o in not; e — like ts in puts; o — like Scottish o in go; r — like Scottish r; s — sh in she; u — like oo in look

It's rather worn out.		Elég kopott.	
I've worn it threadbare.		Elviseltem.	
		⟨Elnyűttem⟩.	
My sock's got a hole in it.		Kilyukadt a zoknim.	
There's a ladder in		Fut a szem	
my stocking.		a harisnyámon.	
Where's there a ladder-		Hol van egy szemfel-	
mender?		szedő?	
My shirt collar is soiled.		Piszkos az ingem nyaka.	
My trousers are creased,		A nadrágom gyűrött,	
they need pressing.		ráférne a vasalás.	
I need a new suit [dress].		Új ruhára van	
		szükségem.	

apron kötény
bathing-suit fürdőruha
belt öv
blouse blúz
bow-tie csokornyakkendő
braces nadrágtartó
bra(ssière) melltartó
breast pocket szivarzseb
button gomb
buttonhole gomblyuk
cap sapka
cardigan kardigán
clothes-brush ruhakefe
coat kabát
collar gallér
combinations kombiné
costume kosztüm
costume jacket kosztüm-
  kabát
cuffs kézelő ⟨mandzsetta⟩
cuff-links kézelő-
  ⟨mandzsetta-⟩ gomb
cut fazon ⟨szabás⟩
day ⟨morning⟩ wear ⟨dress⟩
  utcai ruha
dinner jacket szmoking
double-breasted suit
  kétsoros öltöny

drawers alsónadrág
dress ruha
dress and jacket ensemble
  komplé
dress coat ⟨tail coat⟩ frakk
dressing-gown köntös
ensemble együttes ⟨komplé⟩
evening dress estélyi ruha
fitted coat karcsúsított kabát
frock ⟨női⟩ ruha
fur prém
fur coat bunda
gloves kesztyű
greatcoat télikabát
hat kalap
handbag kézitáska ⟨retikül⟩
handkerchief zsebkendő
high-heeled shoes magassarkú
  cipő
hood csuklya ⟨kapucni⟩
house-dress háziruha, pongyola
inside breast pocket belső
  zseb
jacket zakó
jeans szűk hosszú nadrág
  ⟨jeans⟩
knitted dress kötött ruha
knitwear kötött holmi

cs = ch in chalk; dzs = j in jazz; ly = y in yes; sz = s in see;
  zs = s in pleasure; accent marks vowel length

lace csipke
lapel kihajtó
linen fehérnemű
lingerie női fehérnemű
lining bélés
long pants hosszú alsó-
 nadrág
long sleeve hosszú ujj
loose coat bő kabát
 (köpeny)
mack(intosh) esőkabát, ballon
morning coat zsakett
morning dress utcai ruha
night-dress (-gown, nighty)
 (női, gyermek)hálóing
night-shirt (fiú-, férfi)hálóing
non-iron shirt neva ing
overall munkaköpeny,
 overall
overcoat felöltő
panties női nadrág (bugyi)
pants alsónadrág
petticoat alsószoknya
pocket zseb
pullover pulóver
pyjamas pizsama
raincoat esőkabát
robe manteau kabátruha
ribbon szalag
scarf sál, kendő, nyakkendő
shawl sál, vállkendő
shirt ing
shirt button inggomb
shoe-laces cipőfűző

shoes cipő
shorts short
short sleeve rövid ujj
side pocket oldalzseb
single-breasted suit egy-
 soros öltöny
skirt szoknya (alj)
slip kombiné
slippers papucs
socks zokni
sock suspenders zoknitartó
sports jacket sportzakó
stockings harisnya
suit öltöny
suspender belt harisnya-
 tartó
sweater szvetter
swimming-cap fürdősapka
tea-gown délutáni ruha, pon
 gyola
three-quarter sleeve három-
 negyedes ujj
tie nyakkendő
trouser pocket nadrágzseb
trousers nadrág
umbrella esernyő
underskirt alsószoknya
underwear fehérnemű
vest trikó
waistband öv
waistcoat mellény
walking-out dress utcai ruha
waterproof vízhatlan
wintercoat télikabát

See also At a Milliner's, At a Hatter's, p. 147, At a Shoe-Shop,
p. 155, At a Shoemaker's, p. 154 and At a Draper's, p. 141

7. Having Meals

a. Eating and Drinking in General

7. Étkezés

ä. Evés, ivás általában

I'm hungry [thirsty].
I'm nearly starving.

Éhes [szomjas] vagyok.
Majdnem éhen halok.

a — like o in *not;* e — like *ts* in *puts;* o — like Scottish o in
go; r — like Scottish r; s — sh in *she;* u — like oo in *look*

What about having something to eat?	Nem ennénk valamit?
Let's have a light [good] meal somewhere.	Együnk valami könnyűt [jót]!
*Where shall we go for lunch [supper]?**	Hová menjünk *(menynyünk)* ebédelni [vacsorázni]?
Could you recommend me a (garden-)restaurant [Help yourself restaurant] somewhere near?	Tudna nekem egy (kert)-vendéglőt [önkiszolgáló éttermet] ajánlani valahol a közelben?
Where can I have specially Hungarian food?	Hol kaphatok magyaros ételeket?
Where can I get some English food?	Hol kaphatok angolos ételeket ⟨kosztot⟩?
Do you feel like a cup of tea?	Volna kedve egy csésze teát inni?
*What time do you have breakfast?**	Mikor reggelizik?
*What time is breakfast [lunch]?**	Mikor van reggeli [ebéd]?
*Have you had breakfast [lunch]?**	Reggelizett [ebédelt] már?
*When do you generally have your lunch [dinner]?**	Mikor szokott ebédelni [vacsorázni]?
We have lunch at one.*	Egy órakor ebédelünk.
Let's have tea [supper] together.*	Teázzunk [vacsorázzunk] együtt!
Is breakfast [lunch] ready?*	Készen van a reggeli [az ebéd]?
*What shall we have for lunch [dinner]?**	Mi lesz ebédre [vacsorára]?

* See Note, p. 88.

cs = ch in *chalk;* dzs = j in *jazz;* ly = y in *yes;* sz = s in *see;* zs = s in *pleasure;* accent marks vowel length

What will you have?	Mit enne?
What may I offer you?	Mit adhatok?
Do you take tea or coffee?	Teát vagy kávét parancsol?
I prefer coffee [tea].	A kávét [teát] jobban szeretem.
Do you take sugar?	Cukorral issza?
Help yourself.	Parancsoljon! ⟨Vegyen!⟩
Help yourself to some fruit [vegetables].	Parancsoljon gyümölcsöt [főzeléket]!
(Do) take ⟨have⟩ a little of this meat.	Vegyen egy kicsit ebből a húsból!
Will ⟨Won't⟩ you have some ham? [rice?⟩	Parancsol ⟨Nem parancsol⟩ egy kis sonkát?
Shall I help you to some⟩	Adhatok egy kis rizst?
May I pour you out some wine?	Tölthetek bort?
Yes, please.	Igen, kérek.
Thanks.	Köszönöm (kérek).
No, thanks ⟨thank you⟩.	Köszönöm, nem kérek.
Just a little [a small piece], please.	Csak egy kicsit [egy kis darabot] kérek.
May I have just a little to taste?	Csak egy kis kóstolót kérek.
We don't have it in England.	Nálunk, Angliában, nincs ilyen.
Give me a small piece, if you please.	Adjon *(aggyon)* nekem egy kis darabot, legyen szíves!
You're giving me far too much.	Ez nekem nagyon sok lesz.
May I have a slice of bread?	Kérek egy szelet kenyeret.
Will you, please, give me some bread and butter?	Egy kis vajas kenyeret kérnék.

a — like *o* in *not*; **e** — like *ts* in *puts*; **o** — like Scottish *o* in *go*; **r** — like Scottish *r*; **s** — *sh* in *she*; **u** — like *oo* in *look*

86

I'll have some ham and eggs.	Ham and **eggs-et** fogok kérni.
Pass me the salt, please.	Kérném a sótartót.
May I have a glass of water?	Kérhetek egy pohár vizet?
Is the roast beef good?	Finom a roast beef?
How do you like it?	Hogy ízlik?
It's delicious. ⟨It's very tasty.⟩	Kitűnő. ⟨Nagyon ízletes.⟩
May I give you some more?	Adhatok még?
Will you have some more tea?	Parancsol még teát?
Would you like another slice of bread [meat]?	Parancsol még egy szelet kenyeret [húst]?
May I fill your glass again?	Tölthetek újra?
No more, thank you.	Nem, köszönöm, nem kérek többet.
I'm doing nicely, thank you.	Köszönöm, még van.
Thank you, that's enough ⟨quite sufficient⟩.	Köszönöm, ennyi elég lesz.
I enjoyed it very much, but I won't have any more.	Nagyon finom volt, de nem kérek többet.
May I have some more?	Kaphatnék még?
May I have another cup of coffee [tea]?	Kaphatnék még egy csésze kávét [teát]?
I am on a special diet. (I'm diabetic.)	Diétázom. (Cukorbajos vagyok.)
I'm off my food.	Nincs étvágyam.
Could you recommend me a (good) dietetic restaurant anywhere near?	Tudna egy (jó) diétás éttermet ajánlani valahol a közelben?

cs = ch in chalk ; dzs = j in jazz ; ly = y in yes ; sz = s in
see ; zs = s in pleasure ; accents marks vowel length

Note. — In **Hungary** five meals are usually taken, i. e.

1. Reggeli (breakfast) taken usually between 7 and 9 a. m. ;

2. Tizórai (elevenses) taken usually between 10 and 11 a. m. ;

3. Ebéd (lunch or dinner) taken usually between 12 and 3 p. m. ;

4. Uzsonna (tea) taken usually between 4 and 6 p. m. ;

5. Vacsora (supper) taken usually between 7 and 9 p. m.

The principal meals are *reggeli, ebéd* and *vacsora.* Among these *ebéd* is considered the most important meal, and it is generally the most substantial one, too.

In **Hungary** you will often hear people say : *"Jó étvágyat !"*, which means : "Good appetite." It is a polite expression used especially before eating. — Another expression often heard is *"(Kedves) egészségére !"* literally meaning "To your (dear) health" used when the meal is finished. — The expression *"Egészségére !"* is used when one clinks glasses, and it means : "To your health."

a. Table-Ware/Asztalnemű

bottle-opener	sörnyitó	fish-knife and -fork	halkés
bowl	tál		és halvilla
bread-basket	kenyérkosár	fork	villa
cake-plate	tésztástányér	glass	pohár
coffee-pot	kávéskanna	knife	kés
coffee-set	kávéskészlet	ladle	merítőkanál
corkscrew	dugóhúzó	napkin	szalvéta
cup	csésze	(paper) serviette	(papír)-
dining-table	ebédlőasztal		szalvéta
dinner-plate	lapostányér	plate	tányér
dish	fogás (tál)	salad-bowl	salátástál

a — like *o* in *not*; e — like *ts* in *puts*; o — like Scottish *o* in *go*; r — like Scottish *r*; s — *sh* in *she*; u — like *oo* in *look*

salt-cellar sótartó (sószóró)
saucer csészealj
soup-plate mély- (leveses-)
   tányér
spoon kanál
sugar-basin (-bowl) cukor-
   tartó
table-cloth 1. abrosz
   2. *(table-cover)* asztalterítő

tea-service (-set) teáskészlet
tea-pot teáskanna
tea-spoon kávéskanál
tea-strainer teaszűrő
tea-waggon (-trolley) zsúr-
   kocsi (görpikoló)
tin-opener konzervnyitó
toothpick fogpiszkáló
tray tálca

b. Foods, Drinks/Ételek, Italok

ale világos sör
beefsteak bifsztek (sült marha-
   hús)
beer sör
boiled főtt
brandy brandy (pálinka)
bread kenyér
bread and butter vajas
   kenyér
calf's liver borjúmáj
chips rósejbni
chop karaj
coffee kávé
custard madártej
cutlet of veal borjúszelet
dessert csemege
duck kacsa
dumplings gombóc
fish hal
fried sült
garnishing körítés
goose liba
goose-liver paste libamáj-
   pástétom
ham and eggs ham and eggs
   (pirított sonka tojással)
hard-boiled eggs kemény-
   tojás
jam dzsem (gyümölcsíz)
makaroni makaróni

mashed potatoes burgonya-
   (krumpli-) püré
meat hús(étel)
meat soup húsleves
milk tej
minced meat vagdalt hús
must (= grape-juice) must
omelette omlett
pudding puding
rice rizs
roast beef marhasült
roast chicken sült csirke
roast duck kacsasült
roast pork disznósült
roast turkey pulykapecsenye
roast veal borjúpecsenye
salad saláta
sandwich szendvics
scrambled eggs rántotta
smoked füstölt
soft-boiled eggs lágytojás
soup leves
stew(ed) pörkölt
tea tea
toast pirítós
tokay tokaji
turkey pulyka
vegetable dish főzelék
water víz; mineral ~ kristály~
wine bor

For other food-stuffs and drinks see further **At a Baker's,**
p. 136, At a Bar, p. 94, At a Butcher's, p. 139, At an Espresso, At a
Confectionery, p. 93, At a Dairy, p. 140, At a Greengrocer's, p. 143,
At a Grocer's, p. 145, At a Sweet-Shop, p. 157.

cs = *ch* in *chalk*; dzs = *j* in *jazz*; ly = *y* in *yes*; sz = *s* in
   see; zs = *s* in *pleasure*; accent marks vowel length

89

b. At a Restaurant

Is there a restaurant
in the hotel?
Is there a restaurant
anywhere near?
Can you recommend me
a good restaurant?
Is this table disengaged?
What will you have, sir
[madam]?
What will you order, sir
[madam]?

Are you being served?

Give me the bill of fare
⟨the menu⟩, please.
The wine-list, please.
Do you wish to dine
à la carte, or will you
take the table d'hôte?
I'll have the table d'hôte.
Another place, please.
I'll have . . .
What do you recommend?
I want something light.

How about a drink?
We could do with some-
thing to drink. [drink?⟩
What will you have to⟩
I'll have a (small glass
of) brandy [sherry].
And what about you?

b. Vendéglőben

Van a szállodának
étterme?
Hol van a közelben
étterem?
Tud ajánlani egy jó
éttermet?
Szabad ez az asztal?
Mit parancsol, uram
[asszonyom]?
Mit tetszik *(teccik)*
rendelni, uram
[asszonyom]?
Rendelt már ön? ⟨Meg-
volt már?⟩
Kérném az étlapot.
                [kérném.⟩
Az ital- ⟨a bor-⟩ lapot⟩
À la carte óhajt
ebédelni, vagy menüt
parancsol?   [nüt !⟩
Kérem, hozzon egy me-⟩
Még egy terítéket kérek.
Én egy . . .-t kérek.
Mit ajánl?
Valami könnyűt
szeretnék.
Nem innánk valamit?
Ihatnánk valamit.

Mit iszik?
Egy (kis pohár) brandyt
[sherryt] iszom.
És ön?

a — like o in *not; e* — like *ts* in *puts; o* — like Scottish *o* in
go; r — like Scottish *r; s* = *sh* in *she; u* — like *oo* in *look*

90

Please bring me a bottle of [pint of] wine.	Hozzon egy palack [fél liter] bort !
Have a dash of soda?	Egy kis szódát bele?
No, thanks, I like mine neat.	Nem, köszönöm, tisztán iszom.
What sweet would you like?	Milyen édességet parancsol?
Waiter, please, bring us two cups of coffee and some cakes.	Pincér, kérem, hozzon két kávét és valami süteményt !
The bill, please!	(Halló !) Fizetek ! (Fizetni !)
It's my party!	Én fizetek !
No, let me settle the bill.	Engedje *(engeggye)* meg, hogy én fizessek !
How much have I to pay?	Mennyit fizetek?
That's for yourself.	Ez a magáé.

Some Dishes of the Hungarian Cuisine

a) Soups/Levesek

almaleves apple soup
bableves bean soup
borsóleves pea soup
becsinált csirkeleves chicken soup
burgonya- (krumpli-) leves potato soup
csontleves bone (stock) soup
egresleves gooseberry soup
erőleves beef-tea (clear meat broth)
gombaleves mushroom soup
gulyásleves goulash soup
halászlé fisherman's soup (fish soup highly seasoned with red pepper (paprika))
karfiolleves cauliflower soup
korhelyleves kind of sour cabbage soup (consumed after "carousing")

köménymagleves caraway-seed soup
lebbencsleves clear soup with boiled potatoes and noodles
lencseleves lentil soup
májgombócleves soup with liver dumplings
meggyleves sour cherry soup
paradicsomleves tomato soup
sóskaleves sorrel soup
spárgaleves asparagus soup
tyúkleves (Újházy ~) chicken broth
zellerkrémleves celery cream soup
zöldbableves green bean soup
zöldborsóleves green pea soup
zöldségleves vegetable soup (Julienne)

cs = ch in *chalk*; dzs = j in *jazz*; ly = y in *yes*; sz = s in *see*; zs = s in *pleasure*; accent marks vowel length

b) Meat Dishes/Húsételek

bécsi szelet Wienerschnitzel (pork or veal cutlet fried in egg and bread-crumbs)

borjúpörkölt veal stew with paprika

fatányéros 3 kinds of grilled steaks with garnishing served on a wooden platter

fogas pike-perch (of Lake Balaton)

hurka kind of sausage

májas ~ white pudding

véres ~ black pudding

kocsonya aspic (jelly)

sertés ~ jellied pork

hal ~ jellied fish

Kolozsvári káposzta stuffed cabbage á la Kolozsvár

malacpecsenye roast pig

marhapörkölt beef stew with paprika

nyúlgerine back of hare

őzgerine saddle of venison

paprikás csirke fricassée of chicken (chicken stew) with paprika

rablópecsenye robber's meat (Kebabs)

rakott burgonya (krumpli) kind of hot-pot (with potatoes, eggs, slices of sausage, and sour cream, in layers)

rakott káposzta layers of cabbage, pork and rice, with sour cream

rántott csirke chicken fried in egg and bread-crumbs

sertéspörkölt pork stew with paprika

székelygulyás pork stew with sauerkraut

szűzérmék fillets of pork (tenderloin)

tokány (marha ~) kind of (beef) stew

töltött borjú stuffed veal

töltött csirke stuffed chicken

töltött kalarábé stuffed kohlrabi

töltött káposzta cabbage leaves stuffed with pork

töltött paprika stuffed paprika

c) Salads/Saláták

cékla- [feles-, káposzta-, krumpli- (burgonya-), paprika-, uborka-] **saláta** beetroot [lettuce, cabbage, potato, paprika, cucumber] salad

kovászos uborka dill cucumber

d) Vegetable Dishes, etc./Főzelékek stb.

főzelék dish of (boiled) vegetables; **bab-** [borsó-, burgonya- (krumpli-), kalarábé-, kelkáposzta-, lencse-, paradicsom-, sóska-, spenót- (paraj-), tök-, zöldbab-, zöldborsó-] **főzelék** dish of boiled beans [peas, potatoes, kohlrabi, kale (savoy), lentils, tomatoes, sorrel, spinach, vegetable marrow, green beans, green peas]

paprikás krumpli (burgonya) potatoes stewed with paprika

rakott karfiol cauliflower with bread-crumbs

serpenyős burgonya see **paprikás krumpli**

gombapörkölt mushromms stewed with paprika

---

a — like *o* in *not*; **e** — like *ts* in *puts*; **o** — like Scottish *o* in *go*; **r** — like Scottish *r*; **s** = *sh* in *she*; **u** — like *oo* in *look*

e) Sauces/Mártások (Szószok)

alma- [egres-, gomba-, hagyma-, kapor-, meggy-, paradicsom-, sóska-, torma-, uborka-] mártás ‹szósz› apple [gooseberry, mushroom, onion, dill, sour cherry, tomato, sorrel, horse-radish, cucumber] sauce

f) Cakes, etc./Tésztafélék

almás lepény apple tart

aranygaluska raised golden cake

barátfüle ‹derelye› jam pockets

csöröge‹fánk› kind of fritter

dara- ‹griz-› felfújt semolina-pudding ‹fried batter›

diós kalács ‹bejgli› roly-poly filled with ground walnuts

fánk ‹ízzel› doughnut (with jam)

kifli crescent(-shaped roll)

diós [gesztenyés, mákos] kifli crescent filled with ground walnuts

kürtös kalács flue-shaped cake roasted, with ground walnuts or almonds

máglyarakás jam pudding

mákos kalács ‹bejgli› roly-poly filled with poppy-seed

metélt ‹tészta› noodles (boiled)

diós [káposztás, lekváros, mákos, sajtos, sonkás, tejfeles, túrós] metélt ‹tészta› noodles with ground walnuts [cabbage, jam, poppy-seed, cheese, minced ham, sour cream, curd]

mézeskalács honey-cake [gingerbread]

palacsinta pancake

diós [lekváros, túrós] palacsinta pancake filled with ground walnuts [jam, curd]

rétes "rétes" ‹Genoese pastry, strudel› (thin, film-like sheets of light pastry rolled up into a roly-poly and filled with different fillings)

almás [diós, káposztás, krémes, mákos, meggyes, túrós] rétes "rétes" filled with apple [ground walnuts cabbage (savoury), vanilla cream, poppy-seed, sour cherries, curd]

rizsfelfújt rice pudding

szilvás gombóc plum dumplings

tepertős ‹töpörtyűs› pogácsa crackling scones (savoury)

túrós csusza boiled noodles with curd, crackling and sour cream

túrós gombóc curd dumplings

túrós lepény curd tart

c. At an Espresso. At a Confectionery

Let's have a coffee somewhere. [please.]
A coffee [two coffees],

c. Eszpresszóban. Cukrászdában

Igyunk valahol egy kávét !
Egy [két] kávét kérek.

es = ch in chalk; dzs = j in jazz; ly = y in yes; sz = s in see; zs = s in pleasure; accent marks vowel length

93

Two cakes [sand-
wiches], please.
A little cream with
the coffee?
No, thank you, I'm on
a (slimming) diet.
Will you bring me some
strong tea (without
milk)?
Let me have an ice-cream
[a parfait, some
milk-shake].

Két süteményt
[szendvicset] kérek.
Egy kis habot a kávé-
hoz?
Köszönöm, nem kérek,
fogyókúrázom.
Legyen szíves, hozzon
egy erős teát (tej
nélkül) !
Egy fagylaltot [parfét,
turmixitalt] kérek.

apple [apricot, peach, quince,
sour cherry] juice alma-
[kajszibarack-, őszibarack-,
birsalma-, meggy-] lé
biscuit keksz
chestnut purée (with whipped
cream) gesztenyepüré
chocolate cream csokoládé-
krém
coffee with milk (cream)
tejeskávé
ice(-cream) fagylalt
iced coffee jegeskávé
indian doughnut indiáner
juice gyümölcslé or szörp

layer-cake torta
lemonade limonádé or citrom-
szörp
lemon squash limonádé
marzipan marcipán
mignons minyon
milk-shake(s) turmixital(ok)
orangeade narancsszörp
parfait parfé (parfait)
plain cake kalács
raspberry juice (squash)
málnaszörp
sponge-cake piskóta
tea biscuits teasütemény
whipped cream tejszínhab

For alcoholic drinks see Foods, Drinks, p. 89, At a Bar, p. 94.

For alcoholic drinks see Foods, Drinks, p. 89, At a Bar, p. 94.

d. At a Bar   d. Bárban

Shall we have a drink?
Let's have a drink at the
bar [snack-bar]
Will you have a cocktail?
I prefer whisky and soda.

Two vermouths, please.

Igyunk valamit !
Igyunk valamit a bár-
ban [falatozóban] !
Parancsol egy koktélt?
Jobban szeretem
a whiskyt szódával.
Két vermutot kérek.

cs = *ch* in *chalk ;* **dzs** = *j* in *jazz ;* **ly** = *y* in *yes ;* **sz** = *s* in
see ; **zs** = *s* in *pleasure ;* accent marks vowel length

I'd like Hungarian apricot brandy.	Magyar barackpálinkát kérek.
I don't drink any spirits.	Nem iszom semmiféle szeszes italt.
Let me have a lemon-squash, please.	Kérem, hozzon nekem egy limonádét !

Alcoholic Drinks/Szeszesitalok

champagne pezsgő	punch puncs
cocktail koktél	verm(o)uth vermut
cognac konyak	whisky whisky
liqueur likőr	

For other alcoholic drinks see Foods, Drinks, p. 89.

VII. Time

1. Clock

VII. Idő

1. Óra

What time is it? ⟨*What's the time?*⟩	Hány óra?
Excuse me, could you tell me the time?	Bocsánat, meg tudná mondani, hány óra?
Excuse me, could you tell me the right time?	Bocsánat, meg tudná mondani a pontos időt?
I can't tell you (exactly).	Nem tudom (pontosan) megmondani.
I think it's ten past five, but my watch may be a minute or two fast [slow].	Azt hiszem, tíz perccel múlt öt óra, de lehet, hogy az órám egy-két percet siet [késik].
I haven't got a watch.	Nincs órám.
My watch has stopped.	Megállt az órám.
I forgot to wind it up.	Elfelejtettem felhúzni.
I didn't notice that my watch had stopped.	Nem vettem észre, hogy megállt az órám.

cs = ch in *chalk*; dzs = j in *jazz*; ly = y in *yes*; sz = s in *see*; zs = s in *pleasure*; accent marks vowel length

My watch doesn't keep good time.	Rosszul jár az órám.
It loses [gains] ten minutes a day.	Tíz percet késik [siet] naponta.
It's (exactly) nine o'clock.	(Pontosan) kilenc óra.
It's ten past nine.	Tíz perccel múlt kilenc.
It's a quarter past nine (at the latest).	(Legfeljebb) negyed tíz.
It's twenty (minutes) past nine.	Kilenc óra húsz (perc).
It's twenty-five past nine.	Öt perc múlva fél tíz.
It's half past nine.	Fél tíz.
I's twenty to ten.	Öt perc múlva háromnegyed tíz.
It's (about) a quarter to ten.	(Körülbelül) háromnegyed tíz.
It's six to ten.	Hat perc múlva tíz óra.
About two.	Kettő körül.
At eleven sharp.	Pontosan tizenegykor.
At nine a. m. [p. m.].	Reggel [este] kilenckor.
Is it as late as that?	Ilyen késő van már?
It's very late [early].	Nagyon késő [korán] van.
It's still early.	Még korán van.
It's getting late.	Későre jár.
It's later than I thought.	Később van, mint gondoltam.
It's not very late.	Nincs nagyon későn.
It's growing dark.	Sötétedik.
He just came at the right time.	Éppen jókor jött.
We've got plenty of time.	Rengeteg időnk van.
I have no time to waste.	Nincs vesztegetni való időm.
We've still got five min- *[utes left.]*	Még van öt percünk.

a — like o in *not* ; **e** — like *ts* in *puts* ; **o** — like Scottish o in *go* ; **r** — like Scottish *r* ; **s** = *sh* in *she* ; **u** — like oo in *look*

We shall be late.	Elkésünk.
I hate being late.	Nem szeretek elkésni.
You are very punctual.	Nagyon pontos.
Let's hurry up.	Siessünk !
I don't want to hurry you.	Nem akarom siettetni.
I can wait a few minutes.	Tudok várni egy pár percet.
I promised to be there by seven.	Azt ígértem, hétre ott leszek.
Time is up.	Az idő lejárt.
It's time for me to go. *It's time I went.* }	Ideje, hogy menjek (mennyek).
Don't be too long.	Ne maradjon (maragygyon) túl soká !
I'll be back in a minute.	Egy perc múlva itt leszek.
It won't take much time.	Nem fog soká tartani.
I take my Hungarian lessons from nine to ten.	Kilenctől tizig tart a magyar órám.
The performance begins at four o'clock.	Az előadás négykor kezdődik.
Time, gentlemen, please.	Záróra !

What Time (Is It) ?/ **Hány óra (van) ?**		**At What Time?/** **Hány órakor ?**
It's) nine o'clock. Kilenc óra.	**9.00**	At nine (o'clock). Kilenc órakor. (Kilenckor.)
(It's) two minutes past nine. Kilenc óra két perc. (Kilenc óra kettő.	**9.02**	At two minutes past nine. Kilenc óra két perckor. (Kilenc kettőkor.)
(It's) five (minutes) past nine. Kilenc óra öt (perc).	**9.05**	At five (minutes) past nine. Kilenc óra öt perckor. (Kilenc ötkor.)

cs = ch in chalk ; dzs = j in jazz ; ly = y in yes ; sz = s in see ; zs = s in pleasure ; accent marks vowel length

(It's) ten past nine. Kilenc óra tíz (perc).	**9.10**	**At ten past nine.** Kilenc óra tíz perckor. ⟨Kilenc tízkor.⟩
(It's) fifteen past nine (a quarter past nine). Kilenc óra tizenöt (perc). ⟨Negyed tíz.⟩	**9.15**	**At fifteen past nine (a quarter past nine).** Kilenc óra tizenöt perckor. ⟨Kilenc tizenötkor. Negyed tízkor.⟩
(It's) twenty past nine. Kilenc óra húsz (perc).	**9.20**	**At twenty past nine.** Kilenc óra húsz perckor. ⟨Kilenc húszkor.⟩
(It's) twenty-five past nine. Kilenc óra huszonöt (perc).	**9.25**	**At twenty-five past nine.** Kilenc óra huszonöt perckor. ⟨Kilenc huszonötkor.⟩
(It's) thirty past nine (half past nine). Kilenc óra harminc (perc). ⟨Fél tíz.⟩	**9.30**	**At thirty past nine ⟨half past nine⟩.** Kilenc óra harminc perckor. ⟨Kilenc harminckor. Fél tízkor.⟩
(It's) twenty-nine to ten. Kilenc óra harmincegy (perc).	**9.31**	**At twenty-nine to ten.** Kilenc óra harmincegy perckor. ⟨Kilenc harmincegykor.⟩
(It's) twenty-five to ten. Kilenc óra harmincöt (perc).	**9.35**	**At twenty-five to ten.** Kilenc óra harmincöt perckor. ⟨Kilenc harmincötkor.⟩
(It's) twenty to ten. Kilenc óra negyven (perc).	**9.40**	**At twenty to ten.** Kilenc óra negyven perckor. ⟨Kilenc negyvenkor.⟩
(It's) fifteen to ten (a quarter to ten). Kilenc óra negyvenöt (perc). ⟨Háromnegyed tíz.⟩	**9.45**	**At fifteen to ten (a quarter to ten).** Kilenc óra negyvenöt perckor. ⟨Kilenc negyvenötkor. Háromnegyed tízkor.⟩
(It's) ten to ten (perc). Kilenc óra ötven (perc).	**9.50**	**At ten to ten.** Kilenc óra ötven perckor. ⟨Kilenc ötvenkor.⟩
(It's) five to ten. Kilenc óra ötvenöt (perc).	**9.55**	**At five to ten.** Kilenc óra ötvenöt perckor. ⟨Kilenc ötvenötkor.⟩

a — like o in *not*; e — like *ts* in *puts*; o — like Scottish o in *go*; r — like Scottish r; s — *sh* in *she*; u — like *oo* in *look*

2. Parts of the Day/Napszakok

What Time of the Day?	When?

morning 1. reggel
  2. (= forenoon) délelőtt (de.)
	in the morning 1. reggel
	  2. (= in the forenoon) délelőtt

noon dél	at noon délben
afternoon délután (du.)	in the afternoon délután
evening este	in the evening este
night éjszaka (éjjel)	in the night (at night) éjjel
midnight éjfél	at midnight éjfélkor

3. The Days of the Week/A hét napjai

What day is it today?	Milyen nap van ma?
It's ⟨Today is⟩ Friday.	(Ma) péntek van.

What Day?	When?
Monday hétfő	on Monday hétfőn
Tuesday kedd	on Tuesday kedden
Wednesday szerda	on Wednesday szerdán
Thursday csütörtök (csüt.)	on Thursday csütörtökön
Friday péntek	on Friday pénteken
Saturday szombat	on Saturday szombaton
Sunday vasárnap (vas.)	on Sunday vasárnap
week-end hétvége, víkend	at the week-end a hétvégén

4. Months/Hónapok

What Month?	When?
January január (jan.)	in January januárban
February február (febr.)	in February februárban
March március (márc.)	in March márciusban
April április (ápr.)	in April áprilisban
May május (máj.)	in May májusban
June június (jún.)	in June júniusban
July július (júl.)	in July júliusban
August augusztus (aug.)	in August augusztusban
September szeptember (szept.)	in September szeptemberben
October október (okt.)	in October októberben
November november (nov.)	in November novemberben
December december (dec.)	in December decemberben

cs = ch in *chalk*; dzs = j in *jazz*; ly = y in *yes*; sz = s in *see*; zs = s in *pleasure*; accent marks vowel length

5. Seasons/Évszakok

What Season?	When?
spring tavasz	in spring tavasszal
summer nyár	in summer nyáron
autumn ősz	in autumn ősszel
winter tél	in winter télen

6. Holidays/Ünnepek ⟨Ünnepnapok⟩

What Holiday?	When?
April 4th *(Liberation of Hungary by Soviet troops)* április 4. (= negyedike)	on April 4th április negyedikén
Christmas karácsony	at Christmas karácsonykor
Constitution Day *(Aug. 20th)* alkotmány ünnepe	on Constitution Day alkotmány ünnepén
Easter húsvét	at Easter húsvétkor
May Day május 1. (= elseje)	on May Day május elsején
Mothers' Day anyák napja	on Mothers' Day anyák napján
New Year's Day [Eve] újév [szilveszter]	on New Year's Day [Eve] újévkor [szilveszterkor]
November 7th *(Anniversary of the Great October Socialist Revolution)* november 7. (= hetedike)	on November 7th november hetedikén
Whitsuntide pünkösd	at Whitsuntide pünkösdkor
Women's Day (International ~) nőnap (nemzetközi ~)	on Women's Day nőnapon

7. Date/Dátum

What is the date today?	Mi a mai dátum?
Today is the first of March (1st March).	Március elseje (március 1.) van.
What date will it be tomorrow?	Mi lesz a holnapi dátum?
What date was yesterday?	Mi volt a tegnapi dátum?

a — like o in *not;* e — like *ts* in *puts;* o — like Scottish o in *go;* r — like Scottish *r;* s — *sh* in *she;* u — like oo in *look*

What Date?	When?
the first [second, tenth, etc] (of the month) [másodika, tizedike stb.]	on the first [second, tenth, etc.] (of the month) 1-én (= elsején) [2-án (=másodikán), 10-én (=tizedikén) stb.]
January etc. 1st [2nd, 3rd, etc.] január stb. 1. (=elseje) [2. (=másodika), 3. (=harmadika) stb.]	on January etc. 1st [2nd, 3rd, etc.] elsején) [2-án (= másodikán), 3-án (=harmadikán) stb.
August 13th, 1961 1961. aug. 13, (=ezerkilencszázhatvanégy augusztus tizenharmadika)	on August 13th, 1961 1961. aug. 13-án (=ezerkilencszázhatvanegy augusztus tizenharmadikán)

Note — The order of a date is different in Hungarian to the English; it is: *year, month, day* or *month, day.*

General Expressions of Time/Általános Időmegjelölések

afterwards azután, később
an hour egy óra
an hour and a half másfél óra
a quarter of an hour negyedóra
birthday születésnap
early korai, *(adv.)* korán
future jövő
half an hour félóra
holiday 1. ünnep(nap)
  2. *(vacation)* szünidő
  3. *(= leave)* szabadság
hour óra
in a minute egy perc alatt
in time idejében
just now éppen most
last month múlt hónapban
last week múlt héten
last year múlt évben
  ⟨tavaly⟩
late késő, *(adv.)* későn
minute perc
name-day névnap

next day másnap
next month jövő hónapban
next week jövő héten
next year jövő évben
  ⟨jövőre⟩
now most
past múlt
present jelen
second másodperc
soon hamar
the day after tomorrow holnapután
the day before yesterday tegnapelőtt
the other day a napokban
three quarters of an hour háromnegyed óra
today ma
tomorrow holnap
weekday hétköznap
week-end hétvége
workday munkanap
yesterday tegnap

cs = ch in *chalk;* dzs = j in *jazz;* ly = y in *yes;* sz = s in *see;* zs = s in *pleasure;* accent marks vowel length

VIII. Health. Illness

VIII. Egészség. Betegség

1. General State of Health. At the Doctor's

1. Közérzet. Az orvosnál

How are you?	Hogy van?
Not very well.	Nem nagyon jól.
Thank you, I'm very well.	Köszönöm, jól vagyok.
Middling. ⟨So so.⟩	Közepesen.
You look well.	Jó színben van. ⟨Jól néz ki.⟩
You look ill ⟨*poorly*⟩.	Rossz színben van. ⟨Rosszul néz ki.⟩
You are very pale.	Nagyon sápadt.
You'd better see a doctor.	Jól tenné, ha orvoshoz menne.
Where's the nearest doctor?	Hol van a legközelebbi orvos?
Send for the doctor.	Hívjon orvost!
Ring for the ambulance.	Hívja a mentőket!
He's fainted.	Elájult.
Where is the first aid station?	Hol van az elsősegélyhely?
The wound needs dressing.	A sebet be kell kötözni.
What are the consulting hours?	Mikor van rendelés?
The doctor consults between 4 and 6 p. m.	Az orvos négytől hatig rendel.
What's the matter with you?	Mi baja van?
What's your complaint?	Mi a panasza?
Where does it hurt?	Hol fáj?

a — like o in *not*; e. — like *ts* in *puts*; o — like Scottish o in *go*; r — like Scottish r; s = *sh* in *she*; u — like *oo* in *look*

I feel out of sorts.	Rossz a közérzetem.
I feel very ill.	Nagyon betegnek érzem magam.
I feel sick.	Rosszul vagyok. ⟨Kavarog a gyomrom⟩
I'm not feeling at all well.	Egyáltalán nem érzem jól magam.
I feel rather unwell.	Nem érzem jól magam.
I feel very weak.	Nagyon gyengének érzem magamat
Have you got a temperature?	Van láza?
I have got a temperature.	Lázam van.
I've got a slight temperature.	Csak hőemelkedésem van.
I'm nervous.	Ideges vagyok.
I feel (sharp) pains here	(Éles) fájdalmat érzek itt.
I have a sharp pain here.	Éles fájdalmat érzek itt.
I'm aching all over.	Minden tagom fáj.
I have a stabbing pain in my back.	Szúró fájdalmat érzek a hátamban.
I have a heartburn.	Ég a gyomrom.
I have a (splitting) headache.	(Szaggató) fejfájásom van.
I have a (bad) cough.	(Csúnyán) köhögök.
I've got a cold coming on.	Nátha bujkál bennem.
I can't get rid of my cold.	Nem tudok megszabadulni a náthámtól.
I have a sore throat.	Fáj a torkom.
My stomach is out of order.	Rossz a gyomrom.
I'm off my food.	Nincs étvágyam.
I have great difficulty in breathing.	Nagyon nehezen lélegzem.

cs = ch in chalk; dzs = j in jazz; ly = y in yes; sz = s in
see; zs = s in pleasure; accent marks vowel length

I can't sleep.	Nem tudok aludni.
I feel giddy. ⟨*My head is swimming.*⟩	Szédülök.
I'm quite faint.	Egészen gyenge vagyok.
I always perspire at night.	Éjjel mindig izzadok.
I am dead tired.	Halálos fáradt vagyok.
I'm constipated.	Székrekedésem van.
I have a ringing in my ears.	Zúg a fülem.
I have high blood-pressure.	Magas a vérnyomásom.
I've lost [put on] weight.	Lefogytam. [Meghíztam.]
I have dislocated my arm.	Kificamodott a karom.
I have broken my leg.	Eltörtem a lábamat.
I have cut my finger.	Elvágtam az ujjamat.
I have scalded my hand.	Leforráztam a kezemet.
I had a heart attack last night.	Az éjjel szívrohamom volt.
I may have eaten something that disagreed with me.	Ehettem valamit, ami megártott
I have taken . . .	. . .-t szedtem.
It did me (no) good.	(Nem) használt.
Fruit does not agree with me.	Megárt nekem a gyümölcs.
Let me see your tongue.	Kérem, mutassa a nyelvét !
Let me feel your pulse.	Hadd nézzem a pulzusát !
Your pulse is irregular.	Az érverése szabálytalan.
Undress and lie down.	Vetkőzzön le és feküdjön *(feküggyön)* le !

a — like o in *not;* **e** — like *ts* in *puts;* **o** — like Scottish o in *go;* **r** — like Scottish *r;* **s** — *sh* in *she;* **u** — like oo in *look*

Say ninety-nine.	Sóhajtson *(sóhajcson)!*
Hold your breath.	Tartsa *(tarcsa)* vissza a lélegzetét!
Does it hurt here?	Fáj itt?
When did you fall ill?	Mikor betegedett meg?
What infectious diseases have you had?	Milyen fertőző betegségeken esett át?
How long have you been ill?	Mióta beteg?
It began the day before yesterday.	Tegnapelőtt kezdődött
I was confined to bed for a week.	Egy hétig nyomtam az ágyat.
Is this illness infectious?	Ragályos ez a betegség?
Is he seriously ill?	Súlyos a betegsége?
I hope it is nothing serious.	Remélem, nem lesz súlyos.
Do you think my illness dangerous?	Gondolja, hogy súlyos a betegségem?
Must I stay in bed?	Ágyban kell maradnom?
When can I leave bed?	Mikor kelhetek fel?
You'd better stay in bed for a day or two.	Maradjon *(maraggyon)* ágyban egy-két napig!
Be careful to keep yourself warm.	Vigyázzon, hogy mindig melegben legyen!
What may I eat [drink]?	Mit ehetek [ihatok]?
May I eat anything I like?	Ehetek mindent, amit akarok?
You ought not to eat anything.	Semmit sem szabad ennie !
I've eaten hardly anything these three days.	Három napja alig ettem valamit.
Does it require hospital treatment?	Szükség van kórházi ápolásra?

cs = *ch* in *chalk;* dzs = *j* in *jazz;* ly = *y* in *yes;* sz = *s* in *see;* zs = *s* in *pleasure;* accent marks vowel length

I'm afraid he will have to go to hospital to be operated.	Félek, kórházba kell mennie, hogy megoperálják.
What is your fee, please?	Kérem, mennyivel tartozom?
The treatment is free of charge.	A kezelés díjtalan.
I hope you're better today.	Remélem, ma jobban van.
Oh yes, much better, thank you.	Igen, köszönöm, sokkal jobban.
I'm not (much) better.	Nem vagyok (sokkal) jobban.
I'm quite well again.	Egészen jól vagyok.
How is your cold? ⟨Is your cold better?⟩	Náthás még? ⟨Múlik a náthája?⟩
My cold has gone.	Elmúlt a náthám.
He is getting on quite nicely.	Szépen javul.
When shall I be able to go out?	Mikor mehetek ki?
My eyes are weak.	Gyenge a szemem.
I need new, stronger spectacles.	Új, erősebb szemüvegre van szükségem.
My spectacles are two dioptrics.	A szemüvegem két dioptriás.
I don't hear well.	Nagyot hallok.
I'm deaf.	Süket vagyok.

2. At the Dentist's
2. Fogorvosnál

I have a bad toothache.	Nagyon fáj a fogam.
I have got a hole in my tooth.	Kilyukadt a fogam.

a — like o in *not*; e — like *ts* in *puts*; o — like Scottish o in *go*; r — like Scottish r; s — *sh* in *she*; u — like *oo* in *look*

I must have a tooth pulled out.	Ki kell húzatnom az egyik fogamat.
Could you recommend me a good dentist?	Tud nekem ajánlani egy jó fogorvost?
Must I make an apointment with the dentist?	Be kell jelentenem magamat a fogorvosnál?
Will it be very painful?	Nagyon fog fájni?
Will you give me an injection, please?	Legyen szíves, adjon *(aggyon)* injekciót!
The filling has fallen out.	Kiesett a tömés.
I have two teeth to be stopped.	Két fogamat kell betömetnem.
Will it be necessary to kill the nerve?	Szükség lesz idegölésre?
I shall have to kill the nerve.	Ki kell ölnöm az ideget.
Can you put a crown on that tooth?	Lehet még erre a fogra koronát tenni?
I'm afraid, this tooth has to be pulled out.	Sajnos, ezt a fogat ki kell húzni.
Where can I have my denture mended quickly?	Hol csináltathatom meg a fogsorom gyorsan?
I'd like to have a denture made for me.	Műfogsort szeretnék csináltatni.
When shall I come again?	Mikor jöhetek legközelebb?

a. Parts of the Body/Testrészek

ankle	boka	bile	epe
appendix	vakbél	blood	vér
arm	kar	blood-vessel	ér
back	hát	bone	csont
beard	szakáll	brain	agy

cs = ch in *chalk*; dzs = j in *jazz*; ly = y in *yes*; sz = s in
see ; zs = s in *pleasure* ; accents marks vowel length

breast mell	liver máj
cheek orca	lower arm alsókar
chest mell(kas)	lower trunk alsótest
chin áll	lungs tüdő
circulation (of the blood)	middle finger középső ujj
vérkeringés	moustache bajusz
ear fül	mouth száj
elbow könyök	muscle izom
eye szem	nail köröm
eyeball szemgolyó	neck nyak
eyebrow szemöldök	nerve ideg
eyelashes szempilla	nose orr
eyelid szemhéj	palm tenyér
face arc	pupil pupilla
finger ujj	ring finger gyűrűsujj
foot lábfej	shoulder váll
forehead homlok	skin bőr
fore- (index) finger mutatóujj	skull koponya
hair haj	spine hátgerinc
hand kéz	stomach gyomor
head fej	thigh comb
heart szív	throat torok
heel sarok	thumb hüvelykujj
hip csipő	toe lábujj
intestines belek	tongue nyelv
joint izület	tooth fog
kidney vese	trunk törzs
knee térd	upper arm felsőkar
leg láb(szár)	vertebra csigolya
limbs végtagok	waist derék
lip ajak	womb méh
little finger kisujj	wrist csukló

b. Ailments, Diseases/Panaszok, betegségek

abscess tályog	high blood-pressure magas
appendicitis vakbélgyulladás	vérnyomás
blood-poisoning vérmérgezés	hooping-cough szamár-
bronchitis légcsőhurut	köhögés
cancer rák	infantile paralysis gyermek-
constipation székrekedés	bénulás
diabetes cukorbaj	infection fertőzés
diarrhoea hasmenés	long sight messzelátás-
earache fülfájás	low blood-pressure alacsony
flu influenza	vérnyomás
haemorrhage vérzés	measles kanyaró
headache fejfájás	mumps mumpsz

a — like o in *not*; e — like *ts* in *puts*; o — like Scottish o in *go*; r — like Scottish *r*; s = *sh* in *she*; u — like *oo* in *look*

pleurisy mellhártyagyulladás	short sight rövidlátás
pneumonia tüdőgyulladás	stomach-ache gyomorfájás
poisoning mérgezés	toothache fogfájás
polio gyermekbénulás	tuberculosis tüdővész
rheumatism reuma	ulcer fekély

3. At the Chemist's

3. Gyógyszertárban

Where is the nearest chemist's shop?

Hol van a legközelebbi gyógyszertár?

Where is the nearest chemist on night-duty?

Hol van a legközelebbi éjszakai ügyeletes gyógyszertár?

I'd like to get this prescription made up.

Szeretném ezt a receptet megcsináltatni.

How long have I to wait?

Mennyit kell várnom?

Please let me have some palliative [purgative, charcoal].

Adjon *(aggyon)*, kérem, valami fájdalomcsillapítót [hashajtót, szenet]!

I want something against (bad) toothache [constipation].

Kérek valamit (erős) fogfájás [székrekedés] ellen.

Please give me some sedative [sleeping-tablets].

Kérek valamilyen nyugtatót [altatót].

Is this medicine intended for external or internal use?

Külsőleg vagy belsőleg kell használni ezt a gyógyszert?

How many pills [drops] must I take daily?

Hány tablettát [cseppet] vegyek be naponta?

One powder every three hours.

Minden három órában egy port.

Two powders three times a day.

Naponta háromszor két port.

Before or after meals?

Étkezés előtt vagy után?

cs = ch in *chalk*; dzs = j in *jazz*; ly = y in *yes*; sz = s in *see*; zs = s in *pleasure*; accent marks vowel length

Take three tea-spoonfuls after meals.

Vegyen be három kávéskanállal étkezések után!

Must I take these drops in water?

Vízben kell bevennem ezeket a pirulákat?

Shake it before use.

Használat előtt felrázandó.

Please give me a package of cotton-wool.

Kérek egy csomag vattát.

anodyne	fájdalomcsillapító	palliative	fájdalomcsillapító
antifebrile	lázcsillapító	pill	pirula
antiseptic	fertőtlenítő	plaster	tapasz
astringent	vérzéscsillapító	powder	por
bandage	kötszer	purgative	hashajtó
cotton-wool	vatta	sedative	csillapító
dressing	kötés	sleeping-tablet	altató
ointment	kenőcs	vitamin	vitamin

IX. Sightseeing

1. In and About Town

IX. Városnézés

1. A városban és a város körül

*Where can I get a Budapest guide-book?**

Hol kaphatnék egy budapesti útikalauzt?

What would you suggest I ought to see first?

Mit kellene megnéznem először?

Is it worth while going to see the . . .?

Érdemes megnézni a(z) . . . -t?

What bus or tram would take me there?

Milyen busz vagy villamos visz oda?

Could we go up Gellért Hill or Castle Hill to get a view of Budapest?

Felmehetnénk a Gellérthegyre vagy a Várba, hogy lássuk Budapestet?

* There is a useful guide-book published by Corvina and obtainable in English.

a — like o in *not*; e — like *ts* in *puts*; o — like Scottish o in *go*; r — like Scottish r; s — *sh* in *she*; u — like *oo* in *look*

Can we make a boat trip on the Danube to see the Buda and Pest Embankments?

Could we just walk about in the streets to see the people, the shops, and so on?

What building [church, bridge] is that?

Who was it built by?

Whose statue is that? Who was he?

Who was this street named after?

Can I get a picture guide [view-cards] of this building [church]?

I'd like to see an old working-class district [a new residential quarter].

Tehetnénk egy sétahajózást a Dunán, hogy lássuk a budai és a pesti partot?

Nem mehetnénk le az utcára (uccára), embereket meg kirakatokat nézegetni?

Milyen épület [templom, híd] ez?

Ki építette?

Kinek a szobra ez? Az ki volt?

Kiről nevezték el ezt az utcát (uccát)?

Kaphatok egy képeskönyvet [levelezőlapot] erről az épületről [templomról]?

Szeretnék látni egy régi munkáskerületet [új lakónegyedet].

2. Museums, Galleries, etc.

2. Múzeumok, képtárak stb.

Are there any exhibitions at present worth seeing?

I'd like to go to the National Museum [National Gallery, Museum of Fine Arts].

Vannak jelenleg olyan kiállítások, amiket érdemes megnézni?

Szeretnék elmenni a Nemzeti Múzeumba [Nemzeti Galériába, Szépművészeti Múzeumba].

cs = ch in chalk; dzs = j in jazz; ly = y in yes; sz = s in see; zs = s in pleasure; accent marks vowel length

111

Is there a museum showing the history of Budapest?	Van olyan múzeum, amely Budapest történetét mutatja (mutattya) be?
Which gallery exhibits classical [modern] Hungarian paintings?	Melyik képtár állít ki klasszikus [modern] magyar képeket?
I should like to see the exhibition (of modern painting).	Meg szeretném nézni a (modern festészeti) kiállítást.
Take me to the exhibition of Hungarian folk art.	Vigyen el a magyar népművészeti kiállításra!
When is it open?	Mikor van nyitva?
What are the hours?	Mettől meddig van nyitva?
It is open from 10 a. m. to 6 p. m.	Nyitva de. (= délelőtt) tíz órától du. (= délután) hat óráig.
Is the museum open on weekdays [on Sundays]?	Nyitva van a múzeum hétköznapokon [vasárnap]?
It is closed on Mondays.	Hétfőn zárva (van).
What's the price of admission?	Mennyi a belépődíj?
Admission free.	Belépődíj nincs.
Can I get a catalogue ⟨guide⟩?	Kaphatok egy katalógust ⟨útmutatót⟩?

canvas vászon	oil(-painting) olaj(festmény)
ceramics kerámia	portrait portré
drawing rajz	sculpture szobrászat
copperplate rézmetszet	statue szobor
engraving metszet	statuette szobrocska
epoch korszak	still life csendélet
graphic art grafika	tapestry gobelin
landscape tájkép	water-colour vízfestmény
monument emlékmű	(akvarell)
mural freskó	woodcut fametszet

a — like o in *not*; e — like *ts* in *puts*; o — like Scottish o in *go*; r — like Scottish *r*; s = *sh* in *she*; u — like *oo* in *look*

112

X. Recreation

A. Indoors

1. Entertainment in General

What shall we do today?

What do you do in your leisure time?

I have a day off tomorrow.

I have my Saturdays off.

What are you going to do tonight?

Where could we spend this evening?

What kind of entertainments are there to choose from?

What about going to the theatre [cinema]?

That's a good idea.

That's not a bad idea.

Who's going to get the tickets?

Try to get a couple of good seats.

Let's go dancing somewhere.

Let's go and have some coffee somewhere, shall we?

X. Szórakozás

A. Bent

1. Szórakozás általában

Mit csináljunk ma?

Mit csinál a szabad idejében?

Holnap szabadnapom van.

A szombatjaim szabadok.

Mit csinál ma este?

Hol tölthetnénk ezt az estét?

Milyen szórakozási lehetőségek vannak?

Mi lenne, ha színházba [moziba] mennénk?

Ez remek ötlet.

Nem rossz ötlet.

Ki megy el jegyet váltani?

Próbáljon két jó jegyet szerezni !

Menjünk *(mennyünk)* el valahová táncolni !

Menjünk *(mennyünk)* el valahová egy kávéra, jó?

---

cs = ch in chalk ; dzs = j in jazz ; ly = y in yes ; sz = s in see ; zs = s in pleasure ; accent marks vowel length

Is there a café [night-club] anywhere near where we could listen to some gipsy [jazz] music?
Let's go and visit the Zoo.

Van a közelben egy kávéház [mulató-hely], ahol cigány-zenét [jazzt] hallgathatnánk?
Menjünk (mennyünk), nézzük meg az Állatkertet !

Have a good time.
I hope you'll enjoy yourself [yourselves].
We had a good time.

Jó mulatást !
Jó szórakozást !

Jól szórakoztunk.

2. Theatre. Cinema

2. Színház. Mozi

How many (repertoire) theatres are there in Budapest [Hungary]?
Are there any open-air theatres [variety theatres, operetta theatres]?

Hány (repertoár) szín-ház van Budapesten [Magyarországon]?
Vannak-e szabadtéri színpadok [varieté-színpadok, operett-színházak]?

Where's the National Theatre [Comedy Theatre, Katona József Theatre, State Puppet Theatre, Municipal Operetta Theatre]?
Are there any English. [American] plays produced at present?
Where's the Newsreel Cinema [Film Museum, Corvin Cinema, Szikra Cinema,

Hol van a Nemzeti Színház [Vígszínház, Katona József Szín-ház, Állami Bábszín-ház, Fővárosi Operett Színház]?
Adnak jelenleg angol [amerikai] darabot?

Hol van a Híradó Mozi [Film Múzeum, Corvin Mozi, Szikra Mozi,

a — like o in *not* ; e — like *ts* in *puts* ; o — like Scottish o in *go* ; r — like Scottish *r* ; .s = *sh* in *she* ; u — like *oo* in *look*

114

Gorky Cinema,* Urania Cinema]?	Gorkij Mozi, az Uránia Mozi]?
I'd like to go to the theatre [cinema] tonight.	Szeretnék ma este színházba [moziba] menni.
What's on today?	Mi megy ma?
What's on at the ...?	Mit adnak a(z) ...-ban?
I'd like to see a play dealing with contemporary life.	Mai tárgyú darabot szeretnék látni.
Can we go and see any of Shakespeare's plays?	Láthatnánk valamelyik Shakespeare-darabot?
I'd like too see a new Hungarian film.	Szeretnék egy új magyar filmet látni.
Is there anything on really worth seeing?	Megy valami, amit érdemes megnézni?
What is it called?	Mi a címe?
Is that a colour film?	Színes film?
Is it dubbed?	Szinkronizált?
It's run into two hundred performances.	Kétszáz előadást ért meg.
It's been running for five weeks now.	Már öt hete játsszák *(jáccák).*
Is it worth seeing?	Érdemes megnézni?
It's praised by everybody.	Mindenki dicséri.
What time do the performances begin?	Mikor kezdődnek az előadások?
How long do you think the performance will last?	Mit gondol, meddig fog tartani az előadás?
Shall we go to the first or the second house?	Az első vagy a második előadásra menjünk *(mennyünk)?*

* A cinema where the films are not synchronized, but shown in theatre in the original language without inscriptions.

cs = *ch* in *chalk;* dzs = *j* in *jazz;* ly = *y* in *yes;* sz = *s* in *see;* zs = *s* in *pleasure;* accent marks vowel length

What time are the performances?	Mikor vannak az előadások?
What seats have you got, please?	Milyen helyek vannak?
Have you got any seats for tomorrow?	Van még jegy holnapra?
Book two seats for us.	Váltson (válcson) nekünk két jegyet!
Three seats for Saturday night, please.	Hármat kérek szombat estére.
I want two circles [stalls].	Kettőt kérek az erkélyre [a földszintre].
Are these seats a long way from the stage?	Messze vannak ezek a helyek a színpadtól?
Shall we see everything from those seats?	Látunk mindent erről a helyről?
Full House.	„Minden jegy elkelt."
There's no performance today.	Ma nincs előadás.
What other films are on?	Milyen filmeket adnak még?
Who's it produced by?	Ki rendezte?
Who's in the title-role?	Ki játssza (jácca) a főszerepet?
Who are in the cast?	Milyen a szereposztás?
Let's look at the play-bill.	Nézzük meg a színlapot!
Where can I find the smoking-room?	Hol találom meg a dohányzót?
Can I have a smoke during the interval?	Elszívhatok egy cigarettát a szünetben?
Let me have a programme, please.	Kérek egy műsort.
I want a pair of opera-glasses, please.	Kérek egy látcsövet.

a — like o in not; e — like is in puts; o — like Scottish o in go; r — like Scottish r; s = sh in she; u — like oo in look

116*

*May I see your tickets,
please? [last?]
How long will the interval
What do you think
of the play?
How did you like the
performance [the film]?
It was excellently
produced.
I enjoyed it very much.
I thought the acting was
poor.
Which act did you like
most?*

Szabad a jegyeket?

Meddig tart a szünet?
Mit szól a darabhoz?

Hogy tetszett *(teccett)*
az előadás [a film]?
A rendezés kitűnő volt.

Nagyon tetszett *(teccett).*
Szerintem gyenge volt
a színészi alakítás.
Melyik felvonás tetszett
(teccett) legjobban?

acting játék
actor színész; actress ~nő
advertisement reklám
artiste művész, *(female)* ~nő
balcony (upper circle) máso-
dik emeleti erkély
ballet balett
box páholy
cartoon rajzfilm
cast szereposztás
character szereplő
circle erkély
documentary film dokumen-
tumfilm
cloak-room ruhatár
comedy vígjáték (komédia)
curtain függöny
drama dráma
dress circle első emeleti erkély
dress rehearsal főpróba
first night bemutató (premier)
gala performance díszelőadás
gallery harmadik (or negye-
dik) emeleti erkély (karzat)
leading character főszereplő
musical comedy musical (co-
medy) ⟨zenés (víg)játék⟩

nature film természetrajzi
film
news cinema híradó (mozi)
newsreel híradó (film)
opera-glasses látcső
part szerep
performance előadás
pits földszint(i zártszék)
play (szín)darab, színmű
play-bill színlap
pre-view sajtóbemutató
principal part főszerep
producer rendező
program(me) program
rehearsal próba
role szerep
row sor
scene(ry) (décor) díszlet
seat (ülő)hely
stage színpad
stage-design díszletterv
stalls földszint(i zsöllye)
ticket jegy
title cím; title-role címszerep
tragedy tragédia
wide-screen film szélesvásznú
film

es = *ch* in *chalk;* dzs = *j* in *jazz;* ly = *y* in *yes;* sz = *s* in
see; zs = *s* in *pleasure;* accents marks vowel length

117

3. Music. Opera. Concert

3. Zene. Opera. Koncert

Dou you play any
(musical) instrument?

Játszik (jáccik) valami-
lyen hangszeren?

Do you play the piano?

Játszik (jáccik) zongo-
rán?

Do you play the violin?

Tud hegedülni?

Do play us something

Játsszon (jáccon) nekünk
valamit!

Can you sing?

Tud énekelni?

Could you sing
a Hungarian folksong
to me?

El tudna nekem
énekelni egy magyar
népdalt?

Can you hum the tune?

El tudja (tuggya)
dúdolni a dallamot?

This is out of tune.

Ez hamis.

I'm very fond
of music.

Nagyon szeretem a
zenét.

What choice is there
in the way of musical
entertainment?

Milyen választék van
zenei szórakozás
terén?

What concert halls are
there in Budapest?

Milyen koncerttermek
vannak Budapesten?

Where's the Academy
of Music [Erkel]
Theatre]?

Hol van a Zeneakadé-
mia [az Erkel Szín-
ház]?

Where's the Opera House

Hol van az Operaház

Who is your favourite
composer?

Ki a kedvenc zene-
szerzője?

I only like classical
[modern] music.

Csak a klasszikus
[modern] zenét
szeretem.

Where can one hear
classical [light] music?

Hol lehet klasszikus
[könnyű] zenét
hallgatni?

---

a — like o in not; e — like is in puts; o — like Scottish o. in go; r — like Scottish r; s = sh in she; u — like oo in look

What's on at the Opera House tonight?	Mit adnak ma az Operában?
The "Mastersingers" is on tonight.	A Mesterdalnokokat adják *(aggyák).*
Are you fond of operatic music?	Szereti az operát?
Shall we go to the Opera?	Elmenjünk *(elmeny-nyünk)* az Operába?
What's on the programme?	Mi a műsor?
Who is going to conduct?	Ki vezényel?
Which opera do you like best?	Melyik operát szereti legjobban?
I prefer to listen to an opera on the radio.	Jobban szeretek rádióban hallgatni operát.
What's the first [the next] item?	Mi az első [a következő] szám?
What are they going to play next?	Mit játszanak *(jácca-nak)* ezután?
They will be playing . . .'s piano concerto in A-minor [B-flat major, B-minor].	. . . A-moll [b-dur, h-moll] zongora-versenyét játsszák *(jáccák).*
This tune is catchy.	Ez a dallam fülbemászó.
Whose arrangement is this?	Kinek a feldolgozása?
Who's the score by?	Ki hangszerelte?
Who's written the words [libretto]?	Ki írta a szöveget [librettót]?
What do you think of the music?	Mit szól a zenéhez?
Who is the soloist tonight?	Ki a szólista ma este?
I'd like to invite you to a concert.	Szeretném meghívni egy koncertre.

cs = ch in chalk; dzs = j in jazz; ly = y in yes; sz = s in see; zs = s in pleasure; accent marks vowel length

alto   alt
aria   ária
baritone   bariton
bass   basszus
cast   szereposztás
concert   hangverseny
conductor   karmester
ensemble   együttes
folk ensemble   népi együttes
gypsy music   cigányzene
light music   könnyű zene

musician   zenész
operetta   operett
orchestra   zenekar
rhythm   ritmus
score   partitúra
singer   énekes
soprano   szoprán
tenor   tenor
tune   dallam
voice   hang

See also **Radio and Television**, p. 120.

4. Circus

*Is there a permanent
   circus in Budapest?*
Where is it?
*What's on in this month's
   show?*
*I (don't) like acrobatics
   and animals doing
   tricks.*

acrobat   akrobata
arena   aréna
clown   bohóc
conjurer   bűvész

4. Cirkusz

Van állandó cirkusz
   Budapesten?
Hol van?
Mi az e havi műsor?

(Nem) szeretem
   az akrobatikát és az
   állatmutatványokat.

juggler   zsonglőr
lion-tamer   oroszlánidomító
rope-dancer   kötéltáncos
salto mortale   halálugrás

5. Radio and Television

*Are you also a wireless
   fan?*
I listen in every night.
What's on the radio?
*Have you got a radio
   programme?*
*I'm listening to a radio
   talk [play].*

5. Rádió és televízió

Ön is szenvedélyes
   rádióhallgató?
Minden este rádiózom.
Mit adnak a rádióban?
Van rádióműsora?

Egy rádió-előadást
   [játékot] hallgatok.

ɔ – like *o* in *not*; c – like *ts* in *puts*; o – like Scottish *o* in
go; r – like Scottish *r*; s – *sh* in *she*; u – like *oo* in *look*

120

The transmission keeps fading and returning.	Hol elhalkul, hol felerősödik az adás.
Reception is clear today.	Ma tiszta a vétel.
Switch the wireless off, please.	Zárja el a rádiót, legyen szíves!
Let's turn on the wireless.	Nyissuk ki a rádiót!
Couldn't you cut out that disturbance?	Nem tudná kiszűrni ezt a zajt?
Another station keeps coming in.	Egy másik állomás zavarja.
Another station is interfering.	Egy másik állomás szól közbe.
I can't get it clear on the short [medium] waves.	Nem tudok tisztán venni a rövid- [közép-] hullámon.
It's the atmospherics.	Ezek a légköri zavarok.
It's too loud. Soften it a bit.	Túl hangos, halkítsa(halkíccsa) le egy kicsit!
Let's switch over to another station.	Kapcsoljuk át egy másik állomásra!
Which station are you trying to get?	Melyik állomást próbálja fogni?
Let's tune in to Prague.	Fogjuk Prágát!
I heard it on the radio in a news-broadcast.	A hírekben hallottam a rádión.
What time does it come on?	Hánykor van az?
I want a universal ⟨all-wave⟩ radio.	Egy világvevő rádiót szeretnék.
Mine is a five-valve set.	Az enyém ötlámpás készülék.
Have you got an indoor aerial?	Van szobaantennája?
I am a radio amateur.	Rádióamatőr vagyok.
Shall we try and get London?	Megpróbáljuk Londont fogni?

cs = ch in chalk; dzs = j in jazz; ly = y in yes; sz = s in see; zs = s in pleasure; accent marks vowel length

There's an opera being broadcast.	Operát közvetítenek.
Is it on the short wave?	A rövidhullámon van?
What station is that?	Milyen állomás ez?
This broadcast comes in very well.	Ez az adás jól bejön.
My radio has broken down.	Elromlott a rádióm.
Have you got a television set?	Van televíziója? [(=tévé-ben)?]
What's on the TV now?	Mi megy most a TV-ben?
I can see it very plainly.	Nagyon jól látok.
Switch on [off] the TV.	Kapcsolja be [zárja el] a televíziót!
The picture is rather blurred.	A kép elég homályos.
Put some gramophone records on.	Tegyen fel néhány hanglemezt!
Are these long playing records?	Ezek mikro(barázdás) lemezek?
I must get my tape-recorder mended.	Meg kell javíttatnom a magnetofonomat ⟨magnómat⟩.

aerial antenna
announcer bemondó
broadcasting adás
(gromophone) record (hang)-lemez
long-playing record mikro-(barázdás) lemez
long wave hosszúhullám
loudspeaker hangszóró
medium wave középhullám
microphone ⟨mike⟩ mikrofon
news-broadcast hírek
portable radio táskarádió
radio-gram rádiógramofon
radio ⟨wireless⟩ (set) rádió

radio station rádióállomás
record-player lemezjátszó
screen képernyő
short wave rövidhullám
tape magnószalag
tape-recorder magnetofon ⟨magnó⟩
television [TV] (set) televízió [TV (= tévé)]
transistor radio tranzisztoros rádió ⟨zsebrádió⟩
ultra-short wave ⟨very high frequency (VHF)⟩ ultrarövid hullám [URH (= uerhá)]
valve rádiócső

a — like o in not ; c — like ts in puts ; o — like Scottish o in go ; r — like Scottish r ; s = sh in she ; u — like oo in look

122

6. Dancing

6. Tánc

May I ask you for a dance?	Szabad 〈Felkérhetem〉 egy táncra?
Would you care to dance with me?	Volna kedve velem táncolni?
Will you dance with me?	Táncolna velem?
Certainly.	Hogyne.
Yes, I'd like to very much.	Igen, nagyon szívesen.
I shall be delighted.	Örömmel.
I'm sorry I've promised this dance to somebody else.	Sajnálom, ezt a táncot már elígértem valakinek.
Not just now. I'm tired.	Most nem, fáradt vagyok.
Thank you, but I'll be sitting this one out.	Köszönöm, de most ez alatt a tánc alatt ülni fogok.
Thank you, but I can't dance very well.	Köszönöm, de nem táncolok valami jól.
But quite the contrary, you dance very well.	Ellenkezőleg, nagyon is jól táncol!
Where did you learn dancing?	Hol tanult táncolni?
Do you like dancing?	Szeret táncolni?
Which is your favourite dance?	Melyik a kedvenc tánca?
What dances do you like?	Milyen táncokat szeret?
I like waltzing [tangoing] best.	Keringőzni [tangózni] szeretek legjobban.
How do you like this tune?	Hogy tetszik (teccik) ez a dallam?
This orchestra plays very well.	Ez a zenekar nagyon jól játszik (jáccik).

cs = ch in chalk; dzs = j in jazz; ly = y in yes; sz = s in see; zs = s in pleasure; accent marks vowel length

This is too slow [fast] for me.	Ez nekem túl lassú [gyors].
Thank you. I enjoyed it very much.	Köszönöm. Nagyon élveztem.
Thank you.	Én is köszönöm.
Come and sit with us.	Jöjjön, és üljön közénk !

czardas csárdás (Hungarian national dance)	**partner** partner
dance orchestra tánczenekar	**step** lépés
folk-dance népi tánc	**tango** tangó
	waltz keringő (valcer)

7. Indoor Games

7. Társasjátékok

Can you play chess [cards]?	Tud sakkozni [kártyázni]?
Would you explain the rules of the game?	Elmagyarázná a játék szabályait?
I don't know the game.	Nem ismerem a játékot.
I can play a little, but not very well.	Egy kicsit tudok játszani *(jáccani)*, de nem jól.
Let's play bridge.	Játsszunk *(jáccunk)* egy bridzspartit !
Who deals?	Ki oszt?
It's my turn.	Én következem.
Who's the banker?	Kinél van a bank?
I play with X against you and Y.	X-szel játszom *(jáccom)* ön ellen és Y ellen.
You begin.	Ön kezd.
It's your turn.	Ön következik.
I've won [lost] this game.	Megnyertem [elvesztettem] a játszmát *(jácmát)*.
I give it up.	Feladom.
Let's play something.	Játsszunk *(jáccunk)* valamit !

---

a — like o in *not* ; c — like *ts* in *puts* ; o — like Scottish o in *go* ; r — like Scottish r ; s — *sh* in *she* ; u — like oo in *look*

| How's the game played? | Hogyan játsszák *(jác-cák)* ezt a játékot? |
| Let's play another game. | Játsszunk *(jáccunk)* valami mást ! |

billiards	biliárd	**cue**	dákó
bridge	bridzs	**dominoes**	dominó
cards	kártya	**draughts**	dáma
chess	sakk		

B. Outdoors

1. The Weather

What's the weather like today?

It's warm [cold].
I feel ⟨am⟩ cold.
I feel ⟨am⟩ warm.
Nice day today, isn't it?
Oh yes, it's a lovely morning [evening].
What lovely weather we're having!
Isn't this wretched [glorious] weather?
It's dreadful [unpleasant, filthy] weather.
It's getting cloudy.
It may clear up yet.
It's fine [bright, wet].

It's foggy [muddy, wintry].
It's turned cold [sultry] again.
We shall have a fine day.

B. A szabadban

1. Az idő (járás)

Milyen ma az idő?

Meleg [hideg] van.
Fázom.
Melegem van.
Szép idő van ma.
Ó, gyönyörű reggel [este] van !
Milyen gyönyörű időnk van !
Hát nem pocsék [nagyszerű] idő ez?
Pocsék [kellemetlen, ronda] idő van.
Beborul.
Még kiderülhet.
Szép [derült, nedves] az idő.
Ködös [sáros, télies] az idő.
Ismét hidegre [kánikulára] fordult az idő.
Szép időnk lesz ma.

cs = ch in chalk; **dzs** = j in jazz; **ly** = y in yes; **sz** = s in see; **zs** = s in pleasure; accent marks vowel length

It looks as if we were going to have a fine day [summer, Christmas].	Úgy látszik *(láccik)*, szép napunk [nyarunk, karácsonyunk] lesz.
The heat is quite oppressive.	Nyomasztó a hőség.
It looks like rain [snow].	Esőre [havazásra] áll.
It's raining [pouring] outside.	Esik [ömlik] az eső odakint.
It is raining fast.	Zuhog.
We had a lot of rain last week.	Sokat esett a múlt héten.
A strong wind is blowing.	Erős szél fúj.
It's changeable.	Változékony az idő.
It's very cloudy.	Nagyon beborult (felhős).
There's a fog.	Köd van.
There's a storm brewing.	Vihar készül.
It's a sunny day.	Ma derült, napfényes idő van.
The sky is clear.	Tiszta az ég.
It's very cold [hot] for the season.	Az évszakhoz képest nagyon hideg [meleg] van.
How many degrees of frost?	Hány fok hideg van?
What's the temperature?	Hány fok meleg van?
Four degrees below freezing-point.	Négy fok hideg van.
It's nearly ten degrees below zero.	Majdnem tíz fok hideg van.
I feel dreadfully cold.	Rettenetesen fázom.
The barometer is falling.	Süllyed a barométer.
I am quite stiff with cold.	Egész elgémberedtem a hidegtől.

a — like *o* in *not*; c — like *ts* in *puts*; o — like Scottish *o* in *go*; r — like Scottish *r*; s = *sh* in *she*; u — like *oo* in *look*

I *got drenched through.*	Bőrig áztam.
The *lake is frozen over.*	A tó befagyott.
The *snow is thawing.*	Olvad a hó.
What *do you think of the weather?*	Mit gondol, milyen idő lesz?
You'd *better take an umbrella, in case it rains.*	Vigyen ernyőt, hátha esni fog!
What's *the weather forecast for tomorrow?*	Mit jósol a meteorológia holnapra?
I'm *afraid the weather is going to change for the worse.*	Attól tartok, elromlik az idő.
A *cold wave [heat wave] is forecast.*	Hideghullámot [hőhullámot] jósolnak.
A *cold wave [heat wave] is coming on.*	Hideghullám [hőhullám] közeledik.

clear	tiszta	**rainy**	esős
cloudy	felhős	**sleet**	havas eső
cold	hideg	**slippery**	csúszós
dew	harmat	**snow**	hó
dry	száraz	**snowy**	havas
fog	köd	**storm**	vihar
foggy	ködös	**stormy**	viharos
frost	fagy	**sunny**	napsütéses
heat	hőség	**sunshine**	napsütés
hoar-frost	dér, zúzmara	**thunder**	mennydörgés
lightning	villámlás	**warm**	meleg
mud	sár	**wet**	nedves
muddy	sáros	**wind**	szél
rain	eső	**windy**	szeles

2. Excursion. Walk

2. Kirándulás. Séta

We're *going on a trip tomorrow.*	Kirándulni megyünk holnap.
We *start ⟨set out⟩ at . . .*	. . .-kor indulunk.
We'll *make an excursion to Lake Balaton.*	Kirándulunk a Balatonhoz.

cs = ch in *chalk*; dzs = j in *jazz*; ly = y in *yes*; sz = s in *see*; zs = s in *pleasure*; accent marks vowel length

127

Let's go into the country.	Menjünk *(mennyünk)* le vidékre!
I'd like to see a typically Hungarian village [small town].	Szeretnék látni egy jellegzetes magyar falut [kisvárost].
I'd like to see a farmers' co-op.	Szeretnék megnézni egy termelőszövetkezetet.
Let's go on a rowing-trip.	Menjünk *(mennyünk)* evezős túrára!
Can't we go on a hitch-hiking tour somewhere?	Nem mehetnénk el valahová autóstoppal?
Let's go camping!	Menjünk *(mennyünk)* táborozni!
I hate climbing hills.	Én nem szeretek hegyet mászni.
Is there a hostel near the peak?	Van a csúcs közelében turistaszálló?
Those mountains are marvellous!	Csodálatosak azok a hegyek!
Let's go for a walk.	Menjünk *(mennyünk),* sétáljunk egyet!
Would you like to go out for a walk?	Nem volna kedve sétálni egyet?
Do you like walking?	Szeret sétálni?
I wasn't out of doors the whole day yesterday.	Egész nap nem voltam kint tegnap.
We'll go for a good walk.	Egy jó hosszú sétát teszünk.
It will do me a lot of good.	Az jót fog tenni nekem.
Have you ever been to . . .?	Volt már . . .-ben?
Where shall we go?	Hova menjünk *(mennyünk)*?
Where you like, I don't mind.	Nekem mindegy, ahova akarja.

a — like o in *not*; e — like *ts* in *puts*; o — like Scottish o in *go*; r — like Scottish r; s — *sh* in *she*; u — like oo in *look*

128

I'd rather stay at home.	Én inkább itthon maradok.
Isn't it very far?	Nincs nagyon messze?
Isn't there somewhere nearer where we could go?	Nem mehetnénk valahova közelebb?
That would be a very nice walk.	Az nagyon kellemes séta lenne.
Shall we walk all the way?	Végig gyalog megyünk?
Can we take a tram [bus] to the foot of the hill?	Villamossal [busszal] megyünk a hegy lábáig?
I must get back by seven (at the latest).	Hétre (legkésőbb) vissza kell jönnöm.
Let's start at once so that we can get back while it is still light (before dark).	Induljunk máris, hogy még világosban (sötétedés előtt) visszaérjünk!

box doboz
camp-stool tábori szék
camp-stove spirituszfőző
electric torch (flashlight) zseblámpa
haversack oldalzsák
kit-bag (kiránduló)szatyor
knapsack (rucksack) hátizsák

picnic-case ételdoboz
pocket-knife zsebkés
stew-pot bogrács
tent sátor
thermos flask termosz
tin-opener konzervnyitó
(travelling-)rug (úti)pléd (pokróc)

3. Sports

Are you interested in sports?	Érdekli a sport?
What sports are you interested in?	Milyen sportok érdeklik?
What sports do you go in for?	Milyen sportokat űz?
Can you swim [ski, skate]?	Tud úszni [sízni, korcsolyázni]?

3. Sport

cs = ch in chalk; dzs = j in jazz; ly = y in yes; sz = s in
see; zs = s in pleasure; accent marks vowel length

Are you fond of tennis [table-tennis]?	Szeret teniszezni [pingpongozni]?
I'm fond of tennis.	Szeretek teniszezni.
Are there any tennis-courts near here?	Van a közelben tenisz-pálya?
Do you play football?	Futballozik?
I played football at school.	Az iskolában futballoz-tam.
I often go to matches.	Gyakran járok meccsre.
Which team do you support?	Melyik csapatnak szurkol?
Which team has won [lost]?	Melyik csapat győzött [vesztett]?
They drew.	Döntetlenre játszottak (jáccottak).
The match ended in a} *(draw.)* Sweden was beaten by the Soviet Union.	A meccs döntetlen lett. Svédország kikapott a Szovjetuniótól.
We were leading at half-time.	Mi vezettünk a fél-időben.
We won two to nil.	Kettő:nullra győztünk.
The score was five to four in favour of Scotland.	Az eredmény öt : négy volt Skócia javára.
I'm leading by two points. I'm two points up. }	Két ponttal vezetek.
Who came in first [second, third]?	Ki lett az első [a máso-dik, a harmadik]?
What are the other placings?	Hogy vannak a többi helyezések? [tak.}
They dead-heated.	Holtversenyben futot-}
What sporting events will there be over the week-end?	Milyen sportesemények lesznek a hét végén?

a — like o in *not*; c — like *ts* in *puts*; o — like Scottish o in *go*; r — like Scottish *r*; s = *sh* in *she*; u — like *oo* in *look*

He's beaten the world record.	Megdöntötte a világrekordot.
Where's the match to be played?	Hol lesz a meccs?
In the People's Stadium [Sports Hall].	A Népstadionban [Sportcsarnokban].
Who're playing against whom?	Kik játszanak *(jáccanak)*?
When is the match played?	Mikor lesz a mérkőzés?
What time is the kick-off?	Mikor kezdődik a futballmeccs?
Who's leading?	Ki vezet?
It was a walk-over.	Könnyedén győztek.
I'd like to have a swim every morning.	Szeretnék reggelenként úszni egyet.
Shall we have a swim?	Ússzunk egyet?
Shall we go to the lido?	Menjünk *(mennyünk)* a strandra?
Let's go to the swimming pool.	Menjünk *(mennyünk)* strandolni !
Let's go bathing in the river.	Fürödjünk *(füröggyünk)* meg a folyóban !
Let's go to the lake.	Menjünk *(mennyünk)* a tóhoz !
Can one hire a boat?	Lehet csónakot bérelni?
Let's get a ticket for the bath.	Váltsunk *(válcsunk)* fürdőjegyet !
I haven't brought my bathing-dress [bathing-drawers].	Nem hoztam fürdőruhát [fürdőnadrágot].
I could do with a little sun-bathing. [brown?] ⎫ *Where did you get so* ⎰	Jól esnék egy kis napozás. Hol sült le olyan jól?
Where do you go on fishing-trips?	Hova jár halászni?

cs = *ch* in *chalk;* dzs = *j* in *jazz;* ly = *y* in *yes;* sz = *s* in
see; zs = *s* in *pleasure;* accent marks vowel length

What kind of fish can you catch there?
Where can you hunt. . . ?

Where are the best hunting-grounds?
Are there protected animals?

Milyen halat lehet ott fogni?
Hol lehet . . .-ra vadászni?
Hol vannak a legjobb vadászterületek?
Vannak védett állatok?

amateur amatőr
athletics atlétika
back hátvéd
back stroke hátúszás
ball labda
basket-ball kosárlabda
bat ütő
bathing-cap fürdősapka
bathing-drawers fürdőnadrág
bathing-dress (-costume, -suit) fürdőruha
bathing-wrap fürdőköpeny
bicycle kerékpár (bicikli)
bicycle-pump kerékpárpumpa
bicycle-tire kerékpárgumi
boat csónak
boat-race evezősverseny
bowls (gyep)teke
boxing ökölvívás (bokszolás)
boxing-gloves bokszkesztyű
breast stroke mellúszás
butterfly swimming pillangóúszás
canoe kenu
centre forward középcsatár
centre half back középhátvéd (középfedezet)
centre line középvonal
champion(ship) bajnok(ság)
coach edző
competitor versenyző
contest verseny
corner kick szögletrúgás (korner)

indoor swimming-pool (-bath) fedett uszoda
cricket krikett
cup kupa
cycling kerékpározás
dead heat holtverseny
discus (throw) diszkosz(vetés)
diving műugrás
diving-board ugródeszka
draw döntetlen
dressing-cabin kabin (öltöző)
épée(-fencing) párbajtőr-(vívás)
feint csel
fencing vívás
fencing-mask vívósisak
figure skating műkorcsolyázás
final(s) döntő
fishing horgászás
foil(-fencing) tőr(vívás)
football labdarúgás (futball)
football-ground labdarúgópálya
forward csatár
free kick szabadrúgás
free-style swimming szabadstílusú gyorsúszás
game játszma, (play) játék
goal kapu, (score) gól
goal-keeper kapus
golf golf
gun puska
gymnastics torna
gym suit tornaruha

a — like o in *not*; c — like *ts* in *puts*; o — like Scottish o in *go*; r — like Scottish *r*; s = *sh* in *she*; u — like *oo* in *look*

132

half back fedezet
half-time félidő
hammer (throw) kalapács-
(vetés)
handball kézilabda
hard court salakpálya
heading fejes
heat futam
high board ugrótorony
high jump magasugrás
hockey hoki
horse-race lóverseny
horizontal bar nyújtó
hurdle-race (hurdles) gátfutás
ice-hockey jéghoki
inside left balösszekötő
inside right jobbösszekötő
javelin (throw) gerely(vetés)
jumping-hill síugrósánc
jury zsüri
kayak kajak
knock out kiütés
left back bal hátvéd
left half back bal fedezet
life-belt úszóöv
long jump távolugrás
match mérkőzés (meccs)
medal érem
motor-boat motorcsónak
motor-racing autóverseny
mountaineering hegymászás
net háló
off side lesállás
Olympic Games olimpiai
játékok
open-air (outdoor) swimming-
pool nyitott uszóda
outside left balszélső
outside right jobbszélső
parallel bars korlát
penalty kick tizenegyes
penalty area tizenhatos
pentathlon öttusa
pistol pisztoly
pole(-jump) (pole(-vault))
rúd(ugrás)
professional hivatásos

qualifying heat selejtező
quarter-final(s) negyeddöntő
race verseny
racket teniszütő
rapier párbajtőr
record rekord (csúcs-
(eredmény))
referee bíró
riding lovaglás
riding-costume lovaglóruha
right back jobb hátvéd
right half back jobb fedezet
ring ring (szorító)
rink korcsolyapálya
round menet
rowing evezés
Rugby (football) rögbi
running futás
sabre(-fencing) kard(vívás)
sailing vitorlázás
sailing-boat vitorlás
score eredmény
score-board eredménytábla
semi-final(s) középdöntő
shooting lövészet, (hunting)
vadászat
shot(-put) súly(dobás (lökés))
skating korcsolyázás
ski síléc
skiing sízés
start rajt
swimming úszás
sword(-play) kard(vívás)
table-tennis (ping-pong)
asztalitenisz (pingpong)
tape cél(szalag)
team csapat
tennis tenisz
tennis-court teniszpálya
track pálya
training edzés
training-suit melegítő
vaulting-horse ló
volley-ball röplabda
waterpolo vízilabda
weight-lifting súlyemelés
wrestling birkózás

cs = ch in *chalk*; dzs = j in *jazz*; ly = y in *yes*; sz = s in
see; zs = s in *pleasure*; accent marks vowel length

XI. Shopping.
Tradesmen's Services

XI. Bevásárlás.
Szolgáltatások

1. General Expressions

1. Általános kifejezések

I'd like to do some shopping today.

Szeretnék ma egyetmást vásárolni.

What do you want to buy?

Mit akar vásárolni?

I want to buy a pair of shoes.

Cipőt akarok venni.

Where can I get ...?

Hol kaphatok ...-t?

Where can I get nylon stockings?

Hol kaphatok nylonharisnyát?

Don't let me forget to buy ...

Juttassa eszembe, hogy ...-t is vegyek !

I must buy some presents.

Valami ajándékot kell vennem.

When does the shop open [close]?

Mikor nyit [zár] a bolt (az üzlet)?

Let's do some window-shopping first.

Először nézzük végig a kirakatokat !

This looks like a good shop.

Ez jó üzletnek látszik (láccik).

Well, let's go in.

Menjünk (mennyünk) be !

What can I do for you?

Mivel szolgálhatok?

I would like a ...

... t szeretnék.

I want to buy a ...

... t szeretnék venni.

Can I have ... ?

Kaphatok ...-t ?

What size, please?

Milyen méretűt?

Will you, please, show me some ...?

Kérem, mutasson néhány ...-t !

a — like o in not ; c — like ts in puts ; o — like Scottish o in go ; r — like Scottish r ; s = sh in she ; u — like oo in look

Can I see it [them]?	Megnézhetem?
Have you got it in ...?	Megvan ez ...-ben?
This is too big [small] for me.	Ez túl nagy [kicsi] nekem.
Have you got this in a bigger [smaller] size?	Megvan ez nagyobb [kisebb] számban?
I don't like this one.	Ez nem tetszik *(teccik)* nekem.
No, thank you, I don't want that one.	Köszönöm, ezt nem kérem.
I'll take this one.	Ezt választom.
This one will do, I think.	Azt hiszem, ez megfelel.
I was thinking of something like that.	Ilyesmit gondoltam.
How much is this?	Mennyi(be kerül) ez?
What's the price of this [that] one?	Mi az ára ennek [annak]?
How much does one cost?	Mennyibe kerül darabja?
How much do you charge for it?	Mennyit kér érte?
That's too expensive.	Ez túl drága.
I can't afford so much.	Ennyit nem tudok adni érte.
Can you show me something cheaper [better]?	Tud olcsóbbat [jobbat] mutatni?
Please show me something else.	Kérem, mutasson még valami mást!
Is this all you have to show?	Ez az egész választék?
How much do you want?	Mennyit parancsol?
How many will you take?	Hányat parancsol?
I'll take two.	Kettőt kérek.

cs = ch in chalk; dzs = j in jazz; ly = y in yes; sz = s in see; zs = s in pleasure; accent marks vowel length

Anything else, sir [madam]?	Még valamit, uram [asszonyom]?
No, thanks, that's all.	Köszönöm, mást nem kérek.
No, thanks, that's enough.	Köszönöm, ez elég lesz.
How much is it in all?	Mennyi ez összesen?
Where can I pay?	Hol fizetek?
Please pay at the desk.	A kasszánál tessék fizetni !
Pay here.	Az áru itt fizetendő.
Where's the cash-desk?	Hol van a pénztár?
Where shall I get the goods?	Hol kapom meg az árut?
How much did you pay for it?	Mennyiért vette?
How much did it come to?	Mennyibe került?
It cost a lot.	Sokba került.
It cost twenty forints.	Húsz forintba került.

2. At a Baker's   2. Péknél ⟨Péküzletben⟩

Where's the nearest baker's?	Hol van a legközelebbi pék(üzlet)?
A kilo [half a kilo, a quarter of a kilo] of bread, please.	Kérek egy kiló [fél kiló, negyed kiló] kenyeret.
Five rolls, please.	Öt péksüteményt kérek.
A loaf, please.	Egy cipót kérek.
Is this bread fresh ⟨new⟩?	Friss ez a kenyér?
May I have some brown [graham] bread?	Kaphatok barna [graham] kenyeret?
This bread is a bit stale.	Ez a kenyér kicsit állott ⟨régi⟩.

a — like o in *not*; e — like *ts* in *puts*; o — like Scottish o in *go*; r — like Scottish r; s = *sh* in *she*; u — like *oo* in *look*

biscuit keksz	milk loaf zsúrkenyér
bread kenyér	pretzel perec
cake sütemény	roll zsemlye
plain ~ kalács	rusk kétszersült
crescent(-shaped roll) kifli	rye-bread rozskenyér
loaf cipó	white bread fehérkenyér

For words see also **At a Restaurant**, p. 90 and **At an Espresso, At a Confectionery**, p. 93.

3. At a Bookshop

I want to buy some books.

Where's the nearest bookshop [secondhand bookshop]?

I'd like to buy some English books.

May I have a look at the latest publications?

I wonder if you've got any Hungarian novels in English translation?

Don't you keep medical [engineering, art] books?

Is this a book for children?

Is this a new [revised] edition?

It's out of print (for the moment).

When will it be available?

When will it be published?

3. Könyvesboltban

Könyveket szeretnék venni.

Hol van a legközelebbi könyvesbolt [antikvárium]?

Szeretnék egy-két angol könyvet vásárolni.

Megnézhetem a legújabb kiadású könyveket ⟨az újdonságokat⟩?

Kaphatok itt magyar regényeket angol fordításban?

Nem tartanak orvosi [mérnöki, művészeti] könyveket?

Gyermekeknek való könyv ez?

Új [átdolgozott] kiadás ez?

(Pillanatnyilag) kifogyott.

Mikor lesz kapható?

Mikor fogják kiadni?

cs = ch in *chalk*; dzs = j in *jazz*; ly = y in *yes*; sz = s in *see*; zs = s in *pleasure*; accent marks vowel length

Haven't you got this book in a cheaper edition [in paper-backs]?

Is it to be had in paperboards [bound in cloth]?

Can you show me some handbooks for Hungarian [Hungarian grammars]?

Can I have an English—Hungarian dictionary?

What English—Hungarian pocket-dictionaries are available?

Have you got ...?

Could you recommend me a good guide-book to Hungary?

I want a map of Budapest [Hungary].

I'll take two copies of this.

I'd like an album of Hungarian national costumes.

I'd like some illustrated books about Hungary.

I'd like a nice present for a book-lover.

Nincs meg ez a könyv olcsóbb [füzetes] kiadásban?

Kapható ez fűzve [vászonkötésben]?

Tudna nekem magyar nyelvkönyveket [magyar nyelvtanokat] mutatni?

Kaphatok egy magyar—angol szótárt?

Milyen angol—magyar zsebszótárak kaphatók?

Kapható ...?

Tudna egy jó magyarországi útikalauzt ajánlani?

Egy térképet kérek Budapestről [Magyarországról].

Két példányt veszek ebből.

Magyar népviseletekről szeretnék egy albumot.

Képeskönyveket szeretnék Magyarországról.

Valami szép ajándékot szeretnék egy könyvbarát számára.

a — like o in *not* ; e — like ts in *puts* ; o — like Scottish o in *go* ; r — like Scottish r ; s = *sh* in *she* ; u — like oo in *look*

Have you got books in other languages?	Vannak más nyelvű könyveik is?
Give me the latest catalogue.	Adja *(aggya)* ide a legutóbbi katalógust!
Could you give me a better and cleaner copy of this?	Nincs egy jobb állapotban levő példány ebből?

4. At a Butcher's

4. Hentesnél
⟨Mészárosnál⟩

I'll go and buy some meat for dinner.	Veszek valami húst ebédre.
Where's the nearest butcher's?	Hol van a legközelebbi hentesüzlet?
A kilo of pork [beef, mutton, veal], please.	Egy kiló sertéshúst [marhahúst, birkahúst, borjúhúst] kérek.
Let me have twenty dekagrams of ham, not too fat, please.	Kérek húsz deka sonkát, de ne legyen kövér!
Can I get some soup bones?	Kaphatok levescsontot?
Ten dekagrams of hard sausage [salami], please.	Tíz deka szárazkolbászt [szalámit] kérek.
A pair of Vienna sausages, please.	Egy pár virslit kérek.

bacon	szalonna	fat	zsír
beef	marhahús	fish	hal
bony meat	csontos hús	frozen meat	fagyasztott hús
brawn	disznósajt	game	vadhús
chicken	csirke	goose	liba
chop	karaj	ham	sonka
duck	kacsa	lean bacon	császárhús

cs = *ch* in *chalk*; dzs = *j* in *jazz*; ly = *y* in *yes*; sz = *s* in see; zs = *s* in *pleasure*; accent marks vowel length

liver paste májpástétom
liver sausage májas hurka
mutton ürü- (birka-) hús
pork disznóhús
poultry baromfi
salami szalámi

sausage kolbász
soup meat leveshús
tenderloin bélszín
turkey pulyka
veal borjúhús

5. At a Dairy

*A litre [half a litre]
of milk, please.
A quarter of a kilogram
of cheese, please.
A pat of butter, please.*

Is this butter fresh?

butter vaj
cheese sajt
condensed milk tejkonzerv
cream cheese krémsajt
curd (cottage cheese) túró
dairy product tejtermék
egg tojás
margarine margarin

5. Tejcsarnokban

Egy liter [fél liter] tejet
kérek.
Egy negyed kiló sajtot
kérek.
Egy csomag vajat
kérek.
Friss ez a vaj?

milk tej
milk powder tejpor
Pasteurized milk pasztő-
rözött tej
sour cream tejfel
sweet cream tejszín
yog(ho)urt joghurt

6. At a Department Store

*Where's the nearest
[biggest, "Corvin",
"Lottó", "Szivár-
vány"] department
store?
How long are they open
(on Saturday)?
Which floor is the shoe
department on?*

6. Áruházban

Hol van a legközelebbi
[legnagyobb, Corvin,
Lottó, Szivárvány]
áruház?
Meddig vannak nyitva
(szombaton)?
Melyik emeleten van
a cipőosztály?

a — like o in *not*; c — like *ts* in *puts*; o — like Scottish o h.
go; r — like Scottish *r*; s — *sh* in *she*; u — like oo in *look*

Where can I get the things I bought? ⟨Where's the packing-counter?⟩

Hol kapom meg az árut? ⟨Hol van az áru-kiadó?⟩

For articles see under separate shops, pp. 136-162.

gentlemen's wear férfidivat-cikk	lingerie női fehérnemű
glass-ware üvegáru.	perfumery illatszer
knitwear kötöttáru.	ready-made clothes kész-ruha
ladies' wear női divatcikk	shoes cipő
leather goods bőráru	textile materials szövet(ek)

7. At a Draper's

I'd like some light gray cloth.
Show me some velvet, please.
I'd like that one in the shop-window.
Give me a brighter [darker] cloth.
Have you got it in black?
Will this keep shape?
Won't this material shrink (after washing)?
Will this wash easily?
How much do you want?
I'll take three and a half metres.
Please have that sent to my hotel.

7. Textilüzletben

Valami könnyű szürke szövetet szeretnék.
Bársonyt legyen szíves mutatni!
Azt szeretném, ami a kirakatban van!
Világosabb [sötétebb] szövetet kérek.
Megvan ez feketében?
Nem fog ez nyúlni?
Nem megy össze (mosás után)?

Könnyen mosható ez?
Mennyit parancsol?
Három és fél métert kérek.
Kérem, küldje (külgye) el ezt a szállodámba!

artificial silk műselyem	corduroy kord
chequered kockás	cotton pamut ⟨karton⟩
cloth szövet	figured mintás

cs = ch in chalk; dzs = j in jazz; ly = y in yes; sz = s in see; zs = s in pleasure; accent marks vowel length

flannel	flanell	striped	csíkos
flowery	virágos	synthetic material (fibre)	
linen	vászon		műanyag
patterned	mintás	taffeta	taft
plain	sima	velvet	bársony
silk	selyem	wool(en)	gyapjú
spotted	pettyes		

8. At a Florist's

I'd like to have a bunch
of lilacs.
A fine bouquet of pinks,
please.
Let me have some of these
roses with long stalks.
I'd like to send a bunch
of flowers to her.
Can I have these flowers
sent to this address?
Please send it to ...

8. Virágüzletben

Egy orgonacsokrot
szeretnék.
Egy szép szegfűcsokrot
kérek.
Ezekből a hosszúszárú
rózsákból kérek.
Szeretnék küldeni neki
egy csokor virágot.
El tudná küldeni ezt a
virágot erre a címre?
Kérem, küldje (külgye)
ezt ...-nek !

aster	őszirózsa	marguerite	margaréta
chrysantemum	krizantém	mistletoe	fagyöngy
corn-flower	búzavirág	narcissus	nárcisz
cyclamen	ciklámen	orchid	orchidea
dahlia	dália	pansy	árvácska
forget-me-not	nefelejcs	peony	pünkösdi rózsa
garden flower	kerti virág	petunia	petúnia
geranium	muskátli	pink	szekfű
gladiolus	kardvirág	poppy	pipacs
hare- (blue-) bell	harangvirág	primrose	kankalin
hyacinth	jácint	rose	rózsa
hydrangea	hortenzia	rosemary	rozmaring
iris	nőszirom	saffron	kikerics
jasmin(e)	jázmin	snapdragon	oroszlánszáj
larkspur	szarkaláb	snowdrop	hóvirág
lavender	levendula	stock(-gillyflower)	viola
lilac	orgona	tulip	tulipán
lily	liliom	violet	ibolya
lily of the valley	gyöngyvirág	wild flower	vad- (mezei) virág

a — like o in *not* ; e.— like *ts* in *puts* ; o — like Scottish o in
go ; r — like Scottish *r* ; s — *sh* in *she* ; u — like *oo* in *look*

142

9. At a Gift-Shop

I'm looking for a small souvenir.

I'd like to have some souvenir of Budapest [Debrecen, Lake Balaton].

I want a rug with folk-patterns.

What part is this pottery from?

Could you show me some Hungarian folk-embroidery?

Is it all hand-embroidery?

A doll in a national costume, please.

I'd like an embroidered table-cloth [cushion].

Show me some Hungarian folk-wood-carving.

9. Ajándékboltban

Valami kis emlék-tárgyat keresek.

Szeretnék valami buda-pesti [debreceni, balatoni] emlék-tárgyat.

Egy népimintás szőnyeget szeretnék.

Melyik vidékről való ez a cserépedény?

Tudna nekem magyar népi hímzéseket mutatni?

Ez mind kézi hímzés?

Egy babát kérek nép-viseletben.

Egy hímzett asztal-terítőt [díszpárnát] szeretnék.

Mutasson valami magyar népi fa-faragást!

10. At a Greengrocer's and Fruiterer's

I'd like to have some cauliflower, please.

Let me have a cabbage.

Some vegetable for soup, please.

10. Zöldség- és gyümölcsboltban

Karfiolt kérnék.

Egy fej káposztát kérek.

Levezöldséget (leves-zölcséget) kérek

cs = ch in *chalk*; dzs = *j* in *jazz*; ly = *y* in *yes*; sz = *s* in *see*; zs = *s* in *pleasure*; accent marks vowel length

143

Half a kilogram of lemons, please.
One kilo of apples, please.
Are these pears ripe?
Are these plums sweet?
How much are these grapes?

Fél kiló citromot kérek.

Egy kiló almát kérek.

Érett ez a körte?
Édes ez a szilva?
Mibe kerül ez a szőlő?

a. Vegetables/Zöldségfélék

asparagus spárga
beetroot cékla
cabbage káposzta
caraway ⟨cum(m)in⟩ seed köménymag
carrot sárgarépa
cauliflower karfiol
celery zeller
chives metélőhagyma ⟨snidling⟩
cucumber uborka
dill kapor
garlic fokhagyma
green ⟨French⟩ bean zöldbab
green paprika zöldpaprika
green pea zöldborsó
horse-radish torma
kale ⟨savoy⟩ kelkáposzta
kohlrabi kalarábé
lettuce ⟨fejes⟩ saláta
marrow ⟨vegetable ~⟩ tök
mushroom gomba
onion ⟨vörös⟩hagyma
paprika ⟨green ~⟩ zöldpaprika
parsley petrezselyem
potato krumpli ⟨burgonya⟩
radish retek
salad saláta
sorrel sóska
spinach spenót ⟨paraj⟩
tomato paradicsom
turnip fehérrépa
vegetables zöldség⟨félék⟩

b. Fruits/Gyümölcsök

almond mandula
apple alma
apricot sárga- ⟨kajszi-⟩ barack
banana banán
blackberry szeder
cantaloup sárgadinnye
cherry cseresznye
chestnut gesztenye
date datolya
fig füge
gooseberry egres
grape szőlő
grapefruit grapefruit
hazel-nut mogyoró
lemon citrom
melon dinnye
orange narancs
peach őszibarack
pear körte
pineapple ananász
plum szilva
quince birsalma
raspberry málna
red currant ribizli
sour cherry meggy
strawberry földieper ⟨szamóca⟩
tangerine .mandarin
walnut dió
water-melon görögdinnye

a — like *o* in *not*; e — like *ts* in *puts*; o — like Scottish *o* ir. go; r — like Scottish *r*; s — *sh* in *she*; u — like *oo* in *look*

11. At a Grocer's

One kilogram of sugar, please.	Egy kiló cukrot kérek.
Half a kilogram of rice, please.	Fél kiló rizst kérek.
Two kilograms of flour, please.	Két kiló lisztet kérek.
A quarter of a kilogram of (ground) coffee, please.	Egy negyed kiló (őrölt) kávét kérek.
Let me have some tinned fish.	Halkonzervet kérek.
A box of sardines, please.	Egy doboz szardíniát kérek.
Ten decas of China tea, please.	Tíz deka kínai teát kérek.
A bottle of red [white] wine, please.	Egy üveg vörös [fehér] bort kérek.
Let me have a small bottle of beer, please.	Egy kis üveg sört kérek.

11. Fűszeresnél

baking-powder sütőpor	oil olaj
bean bab	pea borsó
castor sugar porcukor	pepper bors
cinnamon fahéj	red pepper pirospaprika
clove szegfűszeg	rice rizs
cocoa kakaó	salad oil salátaolaj
coffee kávé	salt só
flour liszt	sardines szardínia
ginger gyömbér	spices fűszer
granulated sugar kristálycukor	sugar cukor
honey méz	sultana mazsola
lentil lencse	tea tea
lump sugar kockacukor	tinned food konzerv
margarine margarin	vanilla vanília
mustard mustár	vinegar ecet

For other food-stuffs see under At a Baker's, p. 136, At a Butcher's, p. 139, At a Dairy, p. 140, At a Greengrocer's, p. 143, At a Sweet-Shop, p. 157 and Foods, Drinks, p. 89.

cs = ch in chalk; dzs = j in jazz; ly = y in yes; sz = s in see; zs = s in pleasure; accent marks vowel length

12. At a Haberdasher's

I'd like to have some grey thread.

Let me have a zip-fastener, please.

Let me have a packet of snap-fasteners ⟨pressbuttons⟩, please.

How much is this elastic a metre?

How much are these buttons?

Some needles, please.

This ribbon is too broad [narrow].

button gomb
dress-shield izzlap
elastic gumiszalag
knitting-yarn pamut
machine-twist gépselyem
needle varrótű
pin gombostű
ribbon szalag

12. Rövidáru-üzletben (RÖLTEX-ben)

Szürke cérnát kérek.

Cipzárat kérek.

Egy csomag patent-kapcsot kérek.

Mennyi métere ennek a gumiszalagnak?

Mibe kerülnek ezek a gombok?

Varrótűt kérek.

Ez a szalag túl széles [keskeny].

safety-pin biztosítótű
snap-fastener ⟨press-button⟩ patentkapocs
tape measure centiméter
thimble gyűszű
thread cérna
zip-fastener cipzár

13. At a Jeweller's

I'd like to buy a ring.

I'm looking for some necklaces [brooches].

I want some nice cuff-links.

How much is that silver cigarette-case?

Is this pure gold?

13. Ékszerésznél

Gyűrűt szeretnék venni.

Nyakláncot [brosszot] keresek.

Valami szép kézelő-gombot szeretnék.

Mennyibe kerül ez az ezüst cigarettatárca?

Tiszta arany ez?

a — like o in *not*; e — like *ts* in *puts*; o — like Scottish o in *go*; r — like Scottish r; s = *sh* in *she*; u — like *oo* in *look*

amber borostyán	jewel ékszer
bijou bizsu	necklace nyaklánc
bracelet karkötő (karperec)	opal opál
brooch melltű	pearl gyöngy
diamond gyémánt	platinum platina
ear-ring fülbevaló	ring gyűrű
emerald smaragd	ruby rubin
gem drágakő	silver ezüst
gold arany	wedding-ring jegygyűrű

14. At a Milliner's. At a Hatter's

I want to buy a hat.

I want a brown beret.

Show me an elegant dark blue hat.

I'd like to buy a soft felt hat.

It may be something like that.

Does this one suit me?

This doesn't go with my frock.

Can you show me something a little quieter?

The brim is too wide.

14. Női kalapüzletben. Férfikalap üzletben

Kalapot akarok venni.

Egy barna beretet akarok venni.

Mutasson egy elegáns sötétkék kalapot!

Puhakalapot szeretnék venni.

Lehet valami ilyesmi.

Illik ez nekem?

Ez nem illik a ruhámhoz.

Nem tud valami szolidabbat mutatni?

Túl széles a karimája.

beret beret	sports cap sportsapka (micisapka)
brim karima	straw hat szalmakalap
cap sapka	toque tok
evening hat estélyi kalap	tulle hat tüllkalap
felt hat filckalap	veil fátyol
fur cap szőrmesapka	velours (of hare fur) nyúlszőrkalap
hat kalap	
skiing-cap sisapka	

cs = ch in *chalk*; dzs = j in *jazz*; ly = y in *yes*; sz = s in *see*; zs = s in *pleasure*; accent marks vowel length

15. At a Music-Shop

I'd like to buy some Hungarian records.
Can I have recordings of Hungarian folksongs [Bartók, Kodály]?
I want to buy a few jazz records.
I'd like to choose a portable gramophone.
Can I buy a guitar here?

accordion harmónika
bow hegedűvonó
cello cselló
clarinet klarinét
drum dob
flute fuvola
gramophone needle gramofontű
(gramophone) record (hang)lemez
long-playing record mikro-(barázdás) lemez

15. Hangszer-, zeneműszaküzletben

Magyar lemezeket szeretnék venni.
Kaphatok magyar népdal- (Bartók-, Kodály-) lemezeket?

Néhány jazzlemezt akarok venni.
Egy hordozható gramofont szeretnék választani.
Kaphatok itt gitárt?

mandoline mandolin
notes kotta
oboe oboa
organ orgona
piano zongora
saxophone szakszofon
string húr
tape-recorder magnetofon (magnó)
tuning-fork hangvilla
violin hegedű

16. At a News-Stand. Newspapers

Where's the nearest news-stand?
(Where) can I get English papers?
Can I get the "Times" ["Morning Star"]?

16. Újságárusnál. Újság

Hol van a legközelebbi újságárus?
(Hol) kaphatok angol lapokat?
Megkaphatom a Times-t [Morning Star-t]?

a — like o in *not;* e — like *ts* in *puts;* o like Scottish o in *go;* r — like Scottish *r;* s = *sh* in *she;* u — like *oo* in *look*

Can I get the last issue of the "Hungarian Quarterly"?	Megkaphatom a Hungarian Quarterly legutóbbi számát?
What dailies [weeklies, picture magazines, literary journals] are there?	Milyen napilapok [hetilapok, képeslapok, irodalmi lapok] vannak?
Are there scientific journals published in English [foreign languages]?	Vannak angol nyelven [idegen nyelveken] megjelenő szaklapok?
Which Hungarian daily has the biggest circulation?	Melyik magyar napilap fogy a legnagyobb példányszámban?
Which is the paper of the Party [Trade Unions, People's Patriotic Front]?	Melyik a párt [szakszervezetek, Népfront] lapja?
Let me have "Népszabadság" ["Magyar Nemzet", "Élet és Irodalom", "Népsport"].	Kérek egy Népszabadságot [Magyar Nemzetet, Élet és Irodalmat, Népsportot].
Have you seen today's papers?	Olvasta a mai lapokat?
I've only glanced at the headlines.	Csak a címeket futottam át.
I haven't yet looked at the papers.	Még nem néztem bele a lapokba.
I read about it in the papers.	Az újságban olvastam erről.
Do you take in . . .?	Jár ide a . . . ?
What must I do if I want to subscribe to . . .?	Mit kell tennem, ha elő akarok fizetni a . . .-re?

cs = ch in chalk ; dzs = j in jazz ; ly = y in yes ; sz = s in see ; zs = s in pleasure ; accent marks vowel length

Don't forget to renew your subscription.

In which paper can I put an advertisement?

How much is it a word?

Ne feledje *(feleggye)* megújítani az előfizetését !

Melyik lapba helyezhetek el hirdetést?

Mennyi szavanként?

advertisement	hirdetés	news-agent	újságárus
article	cikk	news (item)	(újság)hír
correspondent	tudósító	newspaper	újság
daily	napilap	news-stall (-stand)	újságbódé
editor	szerkesztő	periodical	folyóirat
journalist	újságíró	publisher	kiadó
magazine	képeslap	reporter	riporter
(magazin)		weekly	hetilap
monthly	havi folyóirat		

17. At an Optician's

17. Látszerésznél (OFOTÉRT-ban)

I want to have a pair of glasses [sun-glasses].

I have broken my glasses.

Can I have a thermometer?

Can I have these glasses repaired?

Szemüvegre [napszemüvegre] van szükségem.

Eltörtem a szemüvegemet.

Kaphatok hőmérőt?

Megjavíttathatom ezt a szemüveget?

field-glass	látcső	opera-glasses	színházi látcső
frame	keret	short-sighted	rövidlátó
glass	üveg	spectacle-case	szemüvegtok
long-sighted	távollátó	spectacles (glasses)	szemüveg
magnifying-glass	nagyító-üveg	sun-glasses	napszemüveg

---

a — like o in *not* ; **c** — like *ts* in *puts* ; **o** — like Scottish o in *go* ; **r** — like Scottish *r* ; **s** = *sh* in *she* ; **u** — like *oo* in *look*

18. At an Outfitter's (Men's and Ladies' Wear)

18. Divatüzletben (Férfi- és női divatcikkek)

I want some poplin. [nylon, silk] shirts. Collar size ....*

Puplin- [nylon-, selyem-] inget szeretnék. Nyakbőség....*

Show me some nylon socks [leather gloves, bathing-suits, handkerchiefs].

Mutasson, kérem, nylon-zoknit [bőrkesztyűt, fürdőruhát, zsebkendőt]!

Haven't you got the same in green [blue, black]?

Nincs meg ugyanez zöld [kék, fekete] színben?

I don't like the cut of these.

Nem tetszik (teccik) a fazonja (fazonnya).

Have you got this one size smaller [greater]?

Megvan ez egy számmal kisebben [nagyobban]?

For words see Dressing, Clothes, p. 82.

19. At a Perfumery (Toilet Supplies)

19. Illatszerboltban (Piperecikkek)

I want some good scent.

Valami jó illatszert kérek.

Let me have a lip-stick, please.

Szájrúzst kérek.

Some good powder, please.

Valami jó púdert kérek.

Ten good blades, please.

Tíz jó pengét kérek.

Let me have a tablet of scented soap.

Kérek egy illatos szappant.

* Collar size is expressed in centimetres; a fifteen-inch collar size needs a No. 38 (= harmincnyolcas) shirt.

cs = ch in chalk; dzs = j in jazz; ly = y in yes; sz = s in see; zs = s in pleasure; accent marks vowel length

comb fésű
cream krém
Eau de Cologne kölnivíz
eyebrow pencil szemöldök-
ceruza
hairbrush hajkefe
lip-stick szájrúzs
looking-glass (mirror) tükör
manicure-set manikűrkészlet
mascara szempillafesték
mouth-wash szájvíz
nail-brush körömkefe
nail-polish körömlakk
nail- (manicure-) scissors
körömvágó olló
perfume parfüm ⟨illatszer⟩
pocket-comb zsebfésű
pocket-mirror zsebtükör

polish remover lakklemosó
powder púder
razor borotva
safety razor zsilett
scissors olló
shaving-brush borotva-
pamacs
shaving-cream borotvakrém
shaving-stick borotva-
szappan
soap szappan
styptic pencil timsórúd
suntan oil napolaj
toilet-paper toalettpapír
tooth-brush fogkefe
tooth-paste fogkrém
toothpick fogpiszkáló
⟨fogvájó⟩

For words see also Washing, Bathing, p 77.

20. At a Photographer's. At a Photographic Supply Shop. Photography

20. Fényképésznél. Fotocikküzletben (OFOTÉRT-ban). Fényképezés

I must have my photo taken.

Le kell fényképeztetnem magamat.

I need five passport photos.

Öt útlevélfényképre van szükségem.

Where do you advise me to get my photo taken?

Mit tanácsol, hol vetessem le magamat?

How soon will it be ready?

Milyen hamar lesz meg?

I photograph badly.

Rossz fényképarcom van.

She has a photogenic face.

Neki jó fényképarca van.

Is there a photographic supply shop anywhere near?

Van itt a közelben egy fotocikküzlet?

a — like o in *not* ; c — like *ts* in *puts* ; o — like Scottish o in *go* ; r — like Scottish *r* ; s — *sh* in *she* ; u — like *oo* in *look*

152

I'd like to get this film developed and printed.	Ezt a filmet szeretném előhívatni, másolattal.
I want three prints of this.	Három másolatot kérek erről.
I want to have this one enlarged.	Ezt szeretném megnagyíttatni.
Make these postcard size.	Csinálja ezeket levelezőlap nagyságúra!
When will they be ready?	Mikor lesznek készen?
When can I come for them?	Mikor jöhetek értük?
Please give me some films for this camera.	Ebbe a gépbe való filmet kérek.
May I take a snap of you?	Megengedi, hogy lefényképezzem?
Would you be so kind to take my photo?	Lenne olyan szíves lefényképezni?
Is it allowed to take photographs here?	Szabad itt fényképezni?
I took a lot of snaps of the town.	Egy csomó képet csináltam a városról

camera	fényképezőgép	photo(graph) album	fénykép album
colour-film	színes film	photographic enlargement	fényképnagyítás
colour-filter	színszűrő		
dark room	sötétkamra	photometer	megvilágításmérő
diaphragm	fényrekesz	range-finder	távolságmérő
film	film	release	zárkioldó
flashlight	villanófény	roll-film	filmtekercs
lens	lencse	shutter	zár
light-filter	fényszűrő	snap(shot)	(pillanat)felvétel
miniature camera	kisfilmes fényképezőgép	tripod	fényképezőgép-állvány
photo(graph)	fénykép	view-finder	kereső

cs = ch in chalk; dzs = j in jazz; ly = y in yes; sz = s in see; zs = s in pleasure; accent marks vowel length

21. At a Shoemaker's

21. Cipésznél

I want to have a pair of shoes made.	Egy pár cipőt szeretnék csináltatni magamnak.
I like this style best.	Ez a fazon tetszik *(teccik)* legjobban.
I don't like the shape of that.	Annak a formája nem tetszik *(teccik)*.
Will this leather be good?	Ez a bőr megfelel?
I would like them in box-calf.	Borjúbokszbőrből kérem.
Take my measurements, please.	Vegyen rólam mértéket !
My feet are rather sensitive.	A lábam elég kényes.
Be sure to make them wide enough.	Ügyeljen, kérem, hogy elég bő legyen !
Don't make them too tight.	Ne csinálja túl szűkre !
I like my feet to be comfortable.	Szeretem, ha a lábam kényelmesen fekszik.
When can you let me have them?	Mikorra tudja *(tuggya)* elkészíteni?
Do you repair shoes?	Cipőjavítást vállal?
I want to have these shoes mended [soled].	Ezt a cipőt szeretném megjavíttatni [megtalpaltatni].
My heels have worn down, I must get them heeled.	Elkoptattam a cipőm sarkát, meg kell sarkaltatnom.
My shoes are too tight.	Nagyon szűk a cipőm.
Will you mend them while I wait?	Megvárhatom, amíg megjavítja *(-javíttya)*?

a — like o in *not* ; e — like *ts* in *puts* ; o — like Scottish o in *go* ; r — like Scottish r ; s = *sh* in *she* ; u — like *oo* in *look*

My shoe-laces are broken.
I should like a pair of brown shoe-laces.

Elszakadt a cipőfűzőm.

Egy pár barna cipő-fűzőt kérnék.

For words see **At a Shoe-Shop**, p. 155.

22. At a Shoe-Shop

I need a new pair of shoes.
I should like to buy a pair of brown shoes [boots].

I should like to get a pair of high-heeled shoes.
What size do you take?

I take No. ...
I don't vant rubber-soled shoes.
May I try them on?
I can't get my foot in.
I find them a bit tight.
They pinch [hurt] me here.
Let me have one size smaller [larger] shoes.

Haven't you got these in black, in the same size?
The heels are a bit high. Haven't you got lower ones?

22. Cipőüzletben

Új cipőre van szükségem.
Egy pár barna félcipőt [magasszárú (magas--szárú) cipőt] szeretnék venni.
Magassarkú cipőt szeretnék.
Milyen számban? ⟨Hányast?⟩
... számút kérek.
Gumitalpút nem kérek.

Felpróbálhatnám?
Nem jön fel a lábamra.
Kicsit szűknek találom.
Itt szorít [nyom].

Adjon *(aggyon)* egy számmal kisebb [na-gyobb] cipőt!
Nincs meg ez feketében, ugyanebben a szám-ban?
A sarka egy kicsit magas. Alacsonyabb nincs?

es = *ch* in *chalk;* dzs = *j* in *jazz;* ly = *y* in *yes;* sz = *s* in *see;* zs = *s* in *pleasure;* accent marks vowel length

They fit perfectly. — Tökéletesen megfelel.
They don't fit me. — Ez nem jó nekem.
They're too tight in the toe. — Túl szűk az orra.
They aren't (exactly) my size. — Nem (egészen) az én méretem.
How much are these pumps? — Mennyibe kerül ez a körömcipő?

boots magasszárú *(magas--szárú)* cipő
evening shoes estélyi cipő
goloshes kalocsni
high boots csizma
high-heeled shoes magassarkú cipő
low-heeled shoes lapossarkú cipő
moccasins mokaszin

mules papucs
pumps körömcipő
sandals szandál
shoe-brush cipőkefe
shoes félcipő
shoe-cream cipőkrém
shoehorn cipőhúzó
shoe-laces cipőfűző
slippers papucs
stiletto shoes tűsarkú cipő

23. At a Stationer's

23. Papír- és írószerbolt-ban (ÁPISZ-ban)

Where's the nearest stationer's? — Hol van a legközelebbi papír- (és írószer-) bolt?

Let me have some note-paper, please. — Levélpapírt kérek.

Can I have ten sheets of foolscap? — Kaphatok tíz ív papírt?

I want to have a good fountain-pen [ball-point pen, pencil]. — Kérek egy jó töltőtollat [golyóstollat. ceruzát].

I'd like to have my fountain-pen refilled. — Szeretném újratölteni a töltőtollamat.

Can I have some picture postcards? — Kaphatok képes (levelező)lapokat?

a — like o in *not*; e — like ts in *puts*; o — like Scottish o in *go*; r — like Scottish r; s — sh in *she*; u — like oo in *look*

adhesive (tape) ragasztó-
(szalag)
ball-point pen golyóstoll
calendar naptár
carbon paper indigó
colour(ed)-pencil színes ceruza
drawing-paper rajzlap
drawing-pencil rajzceruza
envelope boríték
exercise-book füzet
file dosszié
foolscap ív-⟨miniszter-⟩ papír
fountain-pen töltőtoll
ink tinta
lead ceruzabél
nib tollhegy
note-book notesz
note-paper levélpapír
paint festék
paper papír

pen toll
pencil ceruza
pencil-sharpener ceruza-
hegyező
picture postcard képes
levelezőlap
pocket-calendar zsebnaptár
propelling pencil ⟨eversharp⟩
töltőceruza
refill újratöltés
rubber ⟨eraser⟩ radír
ruler vonalzó
stationery íróeszköz
typewriter írógép
typwriter ribbon írógép-
szalag
wrapping-paper csomagoló-
papír
writing-pad blokk
writing-paper íropapír

24. At a Sweet-Shop

24. Édességboltban

*I'd like some sweets
for the children.*

Szeretnék valami édes-
séget venni a gyere-
keknek.

*A block of chocolate,
please.*

Egy tábla csokoládét
kérek.

Milk chocolate, please.

Tejcsokoládét kérek.

*I'll have some of these
chocolate bars.*

Ezekből a csokoládé-
szeletekből viszek.

*Half a kilogram of this
jelly, please.*

Fél kilót kérek ebből
a zseléből.

*Have you got any
chewing-gum?*

Van rágógumi?

*Let me have a box of
bonbons, please.*

Kérek egy doboz
bonbont.

*I'd like something
specially Hungarian.*

Valami magyar
specialitást szeretnék.

cs = ch in *chalk* ; dzs = j in *jazz* ; ly = y in *yes* ; sz = s in
see ; zs = s in *pleasure* ; accent marks vowel length

candied fruit cukrozott
   gyümölcs
caramel karamell cukorka
chocolate bar csokoládé-
   szelet
dragée drazsé
filled sweets töltött cukor

gingerbread (honey-cake)
   mézeskalács
jelly zselé
lemon drops savanyucukor
peppermint mentacukor
sweets cukorka
tea biscuits teasütemény

25. At a Tailor's. At a Dressmaker's

25. Férfiszabónál. Női szabónál

Can you recommend me a good tailor [dress-maker]?

Tud ajánlani egy jó férfiszabót [női szabót]?

I want to have a suit [dress] made.

Öltönyt [ruhát] akarok csináltatni.

Who's your tailor?

Ki a szabója?

I should like a tailored coat.

Csináltatott kabátot szeretnék.

Show me your patterns, please.

Legyen szíves, mutassa a mintáit!

I want a single-breasted [double-breasted] jacket.

Egysoros [kétsoros] zakót szeretnék.

I want a fashionable blouse made of silk.

Egy divatos blúzt szeretnék selyemből.

I'm not particular about having it in the latest fashion.

Nem ragaszkodom a legújabb divathoz.

I like this one best. I'll choose this one.

Ez tetszik (teccik) leginkább. Ezt választom.

Do you wish to buy the cloth, or shall I buy it for you?

Ön óhajtja (óhajtya) megvenni a szövetet, vagy vegyem meg én?

This cloth doesn't feel soft enough.

Ez az anyag nem elég puha.

---

a — like o in *not*; e — like *ts* in *puts*; — like Scottish o in
go; r — like Scottish r; s — *sh* in *she*; u — like oo in *look*

I like the colour, but the material is too light.	A színe tetszik *(teocik)*, de az anyag túl könnyű.
What do you charge for making a suit [dress]?	Mennyit kér egy öltöny [ruha] varrásáért?
How much would a suit [dress] of that material cost?	Mibe kerül egy öltöny [ruha] ebből az anyagból?
It depends on the style.	A fazontól függ.
How many pockets would you like?	Hány zsebet óhajt?
Will you take my measurements, please?	Lesz szíves mértéket venni rólam?
When can I come to try it on?	Mikor jöhetek próbálni?
Try it on me.	Próbálja fel rám!
It fits me well, I think.	Jól áll, úgy látom.
I'd like it a little shorter [longer].	Egy kicsit rövidebbre [hosszabbra] szeretném.
It cuts me under the arms.	Hónaljban vág.
It feels a bit tight here.	Úgy érzem, itt kicsit szűk.
Make it a little looser here.	Csinálja itt egy kicsit bővebbre!
When will it be ready?	Mikorra lesz kész?
Can you finish it by next week?	El tudja *(tuggya)* készíteni a jövő hétre?
Make it as quickly as possible.	Készítse *(készíccse)* el, amilyen hamar csak lehet!

For words see **Dressing, Clothes,** p. 82.

cs = *ch* in *chalk*; **dzs** = *j* in *jazz*; **ly** = *y* in *yes*; **sz** = *s* in *see*; **zs** = *s* in *pleasure*; accent marks vowel length

26. At a Tobacconist's. Smoking

26. Trafikban. Dohányzás

Do you smoke?	Dohányzik?
I (don't) smoke.	(Nem) dohányzom.
I'm a heavy smoker.	Erős dohányos vagyok.
How many [How much] do you smoke a day?	Hányat [mennyit] szív naponta?
I smoke a lot.	Sokat szívok.
I can't leave off smoking.	Nem tudok leszokni a dohányzásról.
Have a cigarette.	Gyújtson *(gyújcson)* rá!
Can you give me a cigarette?	Megkínálna egy cigarettával?
I've run out of cigarette.	Elfogyott a cigarettám.
(May I have) a light, please.	(Adjon *(aggyon)*) egy kis tüzet!
Let me have a packet [box] of cigarettes.	Adjon *(aggyon)* egy csomag [doboz] cigarettát!
Are these very strong?	Nagyon erősek ezek?
Let me have a packet of strong [mild] cigarettes, please.	Kérek egy csomag erős [gyenge] cigarettát.
Can I get Virginian cigarettes?	Kaphatok Virginia cigarettát?
Can I have English cigarettes?	Kaphatok angol cigarettát?
I want some tobacco.	Dohányt kérek.
Some really good pipe tobacco, please.	Valami nagyon jó pipadohányt kérek.
Let me have a box of matches, too.	Kérek egy doboz gyufát is.
Can you show me some cigarette-lighters [cigarette-holders]?	Tudna mutatni nekem öngyújtókat [szipkákat]?

a — like o in not; c — like ts in puts; o — like Scottish o in
go; r — like Scottish r; s = sh in she; u — like oo in look

160

cigar szivar
cigarette cigaretta
cigarette-case cigarettatárca
cigarette-holder szipka
flint tűzkő
lighter öngyújtó
lighter-fuel benzin.
matches gyufa

pipe pipa
pipe-cleaner pipatisztító
tipped cigarette szopókás
  cigaretta
tobacco dohány
tobacco-pouch dohány-
  zacskó
wick kanóc

27. At a Toy-Shop

I'd like something
  for a present for a girl
  of nine.
Something suitable
  for a boy of eight.
Can I have some games?

Let me have a mosaic
  ⟨jig-saw puzzle⟩.
Can you show me some
  nice dolls?

ball labda
building blocks ⟨bricks⟩
  építőkocka
doll baba
doll's house babaház

27. Játékboltban

Kilencéves kislánynak
  szeretnék valami
  ajándékot.
Valami nyolcéves fiúnak
  valót kérek.
Kaphatok társas-
  játékot?
Kirakójátékot kérek.

Tud nekem szép
  babákat mutatni?

teddy bear mackó
toy animals játékállatok
toy furniture játékbútor
toy railway játékvasút

28. At a Trunkmaker's

A want a nice handbag.

I want a medium-sized
  suitcase.
Show me some pocket-
  boks, please.
I want a bag of very fine
  leather.
How much is the óne
  with a zip?

28. Bőröndösnél

Egy szép kézitáskát
  ⟨retikült⟩ szeretnék.
Egy közepes nagyságú
  bőröndöt szeretnék.
Kérem, mutasson levél-
  tárcákat!
Egy nagyon finom bőr
  ⟨úti⟩táskát szeretnék
Mennyibe kerül az a
  cipzáras?

cs = ch in chalk; dzs = j in jazz; ly = y in yes; sz = s in
  see; zs = s in pleasure; accent marks vowel length

11

161

attaché case	aktatáska	note-case	pénztárca
dressing-case	neszesszer	plastic bag	műanyagtáska
handbag	kézitáska (retikül)	pocket-book	levéltárca
knapsack	hátizsák	purse	erszény
ladies' handbag	retikül	strap	szij
leather	bőr	suitcase	bőrönd (koffer)
map-case	térképtartó	trunk	(utazó)bőrönd

29. At a Watchmaker's

29. Órásnál

My watch has stopped.	Megállt az órám.
My watch doesn't keep good time.	Rosszul jár az órám.
My watch has gone wrong.	Elromlott az órám.
It loses [gains] ten minutes a day.	Tíz percet késik [siet] naponta.
I must get it mended.	Meg kell javíttatnom.
My watch-glass is broken.	Eltört az óraüvegem.
I'm going to take it to the watchmaker's.	El fogom vinni az óráshoz.
Will you come with me to the watchmaker's?	Eljönne velem az óráshoz?
I want to buy a Swiss wrist-watch.	Egy svájci karórát akarok venni.
What's the price of this watch?	Mibe kerül ez az óra?
What will you charge to mend this watch?	Mennyit kér ennek az órának a javításáért?
I want a new strap for my wrist-watch.	Egy új szíjat szeretnék a karórámra.

alarm-clock	ébresztőóra (vekker)	strap	óraszij
gold watch	aranyóra	watch	zsebóra
hand of watch	óramutató	watch-glass	óraüveg
stop-watch	stopperóra	watch-spring	órarugó
		wrist-watch	karóra

a — like o in *not* ; e — like *ts* in *puts* ; o — like Scottish *o* in *go* ; r — like Scottish *r* ; s = *sh* in *she* ; u — like *oo* in *look*

XII. At the Post-Office

1. Letters, Parcels, etc.

Any letters ⟨mail⟩ for me?

The postman has (not) been (yet).

I'm expecting a letter from London.

How many times are letters delivered a day?

Will you be passing a post-office?

Would you mind posting this letter for me?

Please post this letter for me in the pillar-box at the corner.

Certainly. ⟨Of course.⟩

Where's the nearest letter-box?

Is there a post-office anywhere near here?

I (shall) have my letters addressed poste restante.

Are there any letters for me, name of Smith? (Inquiring about poste restante letters.)

Is this the right counter for stamps?

XII. Postahivatalban

1. Levelek, csomagok stb.

Nincs postám?

(Még nem) járt itt a postás.

Levelet várok Londonból.

Hányszor kézbesítenek levelet naponta?

Elmegy egy postahivatal mellett?

Föladná nekem ezt a levelet?

Lenne szíves bedobni ezt a levelet a sarki postaládába?

Hogyne! ⟨Természetesen.⟩

Hol van a legközelebbi postaláda?

Van itt a közelben egy postahivatal?

A leveleimet „poste restante" küldetem.

Van levél Smith névre?

Itt kaphatok bélyeget?

---

cs = ch in chalk; dzs = j in jazz; ly = y in yes; sz = s in see; zs = s in pleasure; accent marks vowel length

I'd like to buy some fine-looking stamps [series of stamps].	Szeretnék néhány szép bélyeget [bélyegsorozatot] vásárolni.
Are you a stamp-collector?	Gyűjt ön bélyeget?
I want to post a letter [parcel].	Levelet [csomagot] szeretnék feladni.
Where can I post a letter [parcel]?	Hol lehet feladni levelet [csomagot]?
Is this the right counter for letters [parcels]?	Itt lehet levelet [csomagot] feladni?
I want to send this by air-mail.	Légipostával szeretném elküldeni.
What's the postage on letters [postcards] to England (by airmail)?	Mennyi bélyeg kell egy levélre [lapra] Angliába (légipostával)?
How soon will this letter get there?	Mennyi idő alatt ér oda ez a levél?
I want it registered.	Ajánlva akarom feladni.
What is the registration fee, please?	Mibe kerül ajánlva?
I want to send these books by book-post ⟨as printed matter⟩.	Nyomtatványként akarom feladni ezeket a könyveket.
A small parcell can go by letter-post.	Kis csomag levélként is feladható.
How can I send money by post?	Hogy adhatnék fel postán pénzt?
Next counter, please.	Következő ⟨másik⟩ ablak, kérem.
Fill in these forms.	Töltse *(tölcse)* ki ezeket az űrlapokat!
"Samples only"	„Minta érték nélkül"
Give me a postal (money) order, please.	Kérek egy posta-⟨pénzes-⟩ utalványt.

a — like o in *not;* **e** — like *is* in *puts;* **o** — like Scottish o in *go;* **r** — like Scottish *r;* **s** = *sh* in *she;* **u** — like oo in *look*

Unpaid letters are charged extra postage on delivery.

Bélyeg nélküli levélre portót kell fizetni a kézbesítéskor.

Not known at this address. ⟨Addressee unknown.⟩

A címzett ismeretlen.

If not delivered return to sender.

Ha nem kézbesíthető, vissza a feladónak.

You can have the parcel sent cash on delivery.

A csomagot küldheti utánvéttel.

2. Making a Telephone Call

2. Telefonálás

Are you on the phone?

Van önnek telefonja?

Can I get you on the phone?

Elérhető ön telefonon?

Is your name in the telephone directory?

Benne van a neve a telefonkönyvben?

What's your number?

Mi a telefonszáma?

200-366 (= two, double o—three, double six).

Kétszáz ⟨kettőszáz⟩ — háromszázhatvanhat (or kettő, nulla-nulla —három, hat-hat).

Five extension.

Ötös mellék.

I'll look it up in the telephone directory.

Utánanézek a telefonkönyvben.

I have an important [urgent] telephone call to make.

Fontos [sürgős] telefonbeszélgetést kell lebonyolítanom.

Is there any place in the neighbourhood from where I could phone?

Telefonálhatnék valahol a közelben?

cs = ch in *chalk*; **dzs** = j in *jazz*; **ly** = y in *yes*; **sz** = s in *see*; **zs** = s in *pleasure*; accent marks vowel length

Can I telephone from here?	**Telefonálhatok innen?** ⟨Lehet innen telefonálni?⟩
May I telephone (from here)?	Szabad (innen) telefonálnom? ⟨Megengedi, hogy telefonáljak (innen)?⟩
Where can I find a public telephone?	Hol találok egy nyilvános telefont?
Where's the nearest call-box?	Hol van a legközelebbi telefonfülke?
Lift the receiver, insert a two forint coin wait, for the steady line signal, then dial numbers required.	Emelje le a kagylót, dobjon be egy kétforintost, várjon a búgó jelre, majd tárcsázza a megfelelő számot!
How can I get a line?	Hogy kapok vonalat?
Dial nought and wait for the steady buzzing sound.	Tárcsázzon nullát, és várjon a búgó jelre!
Dial 0 nine, that's the telephone exchange.	Tárcsázza a 09-et (nulla kilencet), az a központ!
Give me an outside line, please.	Városi vonalat kérek.
Push down the red button.	Nyomja le a piros gombot!
Who's speaking?	Kivel beszélek?
Is that you . . . ?	Maga az . . . ?
(This is) . . . speaking.	(Itt) . . . beszél.
You're wanted on the phone.	Önt kérik a telefonhoz.
Can I speak to . . . ?	Beszélhetek . . .-val?
Can you put me through to . . . ?	Tudná kapcsolni . . .-t?

a — like *o* in *not;* **e** — like *ts* in *puts;* **o** → like Scottish *o* in *go;* **r** — like Scottish *r;* **s** = *sh* in *she;* **u** — like *oo* in *look*

The line is engaged.	A vonal foglalt.
I hear the phone ringing, but nobody answers it.	A csengetés kimegy, de senki sem válaszol.
They switched me to a wrong number.	Rossz számot kapcsoltak.
Please hold the line until I find him.	Tartsa *(tarcsa)*, kérem, a vonalat, amíg megkeresem !
Don't ring off ⟨hang up⟩, please.	Ne tegye le a kagylót !
Don't cut us off, please.	Ne kapcsoljon szét !
I can't hear very well.	Nem hallom jól.
The line is bad this end.	A vonal rossz ezen a végén.
The telephone is out of order.	A telefon nem működik.
I tried to ring you up.	Próbáltam telefonon hívni.
I tried to get you on the phone.	Próbáltam telefonon elérni.
Could you call me back later?	Vissza tudna hívni később?
Give me a ring tomorrow.	Hívjon fel
Suppose you ring me up again.	Talán hívjon fel újra !
Give me a ring at five.	Kérem, szóljon fel telefonon ötkor !
I'm waiting for his call.	Telefont várok tőle.
I'd like to put through a trunk-call to . . .	Interurbán szeretnék beszélni . . .-vel.
How do I make a trunk-call?	Hogyan telefonálhatok interurbán?

cs = *ch* in *chalk*; dzs = *j* in *jazz*; ly = *y* in *yes*; sz = *s* in *see*; zs = *s* in *pleasure*; accent marks powel length

3. Sending a Telegram

Is this the right counter for telegrams?

Give me a telegraph form, please. [be?]

How much will this wire}
How much does it cost to send this telegram to Denmark [Poland]?

How much is it a word?

Can I send a reply-paid telegram?

3. Táviratküldés

Itt lehet táviratot feladni?

Kérek egy távirati blankettát.

Mibe kerül ez a távirat?

Mennyibe kerül ez a távirat Dániába [Lengyelországba]?

Mennyi szavanként?

Küldhetnék válasz-táviratot?

Postal Phrases/Postai kifejezések

address cím
addressee címzett
air-mail légiposta
bill of delivery szállítólevél
by return of post posta-fordultával
call telefonbeszélgetés
call-box telefonfülke
cash on delivery (C. O. D.) utánvét(t)el
c/o ... ... leveleivel
delivery office kézbesítő hivatal
express (delivery) expressz
form űrlap (blanketta)
forwarding address új cím
letter levél
letter-box postaláda
mail posta
parcel csomag
picture postcard képes levelezőlap
please forward után-küldendő !
postage postaköltség
postal (money) order posta-(pénzes-) utalvány

postcard levelezőlap
post-office posta(hivatal)
post-office box postafiók
poste restante (to be called for) postán marad(ó)
printed matter nyomtatvány
private call magánbeszél-getés
public telephon nyilvános telefon
receiver telefonkagyló
registered ajánlott (ajánlva)
return address feladó címe
sender feladó (abbr.; F. :)
stamp bélyeg
telegram távirat
telephone (phone) telefon
telephone directory telefon-könyv
telephone exchange telefon-központ
to be delivered to ... in person saját kezéhez !
trunk-call távolsági (inter-urbán) beszélgetés
wire távirat

For inscriptions at the post-office see also **Appendix B, p. 230.**

a — like o in *not* ; e — like *ts* in *puts* · o — like Scottish o in *go* ; r — like Scottisher ; s — sh-in *sh* ; · u — like oo in *look*

XIII. Reading. Writing

XIII. Olvasás. Irás

1. Books

1. Könyv

Have you been reading anything interesting lately?	Olvasott mostanában valami érdekes könyvet?
Have you got anything to recommend?	Tudna valami könyvet ajánlani nekem?
What are you reading?	Mit olvas?
What books do you read generally?	Milyen könyveket olvas általában?
Do you like reading novels [poems]?	Szeret regényeket [verseket] olvasni?
I prefer short stories [thrillers].	Jobban szeretem a novellákat [thrillereket].
Have you read that book?	Olvasta ezt a könyvet?
Have you read it to the end?	Végigolvasta?
What do you think of it?	Mi a véleménye róla?
I don't think much of it.	Nem sokat tartok róla.
It's pleasant reading.	Kellemes olvasmány.
It's worth reading.	Érdemes elolvasni.
I just dipped into it.	Csak belelapoztam.
I just couldn't put it down.	Nem tudtam letenni.
Somehow I couldn't get into it.	Valahogy nem tudtam belemélyedni.
This is one of my favourite books.	Egyik legkedvesebb könyvem.
Isn't it marveously written?	Ugye csodásan van megírva?
Who is "Good-bye to All That" by?	Ki írta a „Good-bye to All That"-et?

cs = ch in *chalk*; **dzs** = j in *jazz*; **ly** = y in *yes*; **sz** = s see; **zs** = s in *pleasure*; accent marks vowel length

It's by Robert Graves.
What's this book about?
It's a book on ⟨about⟩...
*I can't read this book
without a dictionary.*

*Could you tell me the
names of a few
contemporary
Hungarian writers?*
*Can I read anything
by them in English?*

Robert Graves írta.
Miről szól ez a könyv?
...-ról szól a könyv.
Szótár nélkül nem
tudom olvasni ezt
a könyvet.

Fel tudná nekem sorolni
néhány mai magyar
író nevét?

Olvashatnék az írásaik-
ból valamit angolul?

2. Borrowing Books.
Library

2. Könyvkölcsönzés.
Könyvtár

*Where's the largest
[Széchényi,University]
library?*

*Where can I find
a circulating library?*
*How many books have
they got?*
*I'd like to subscribe to
⟨to join⟩ this library.*
*I'd like to have a day-
ticket.*
*What are the terms,
please?*
*How much must I pay
for a month [year]?*
*What must one do to have
a book out?*

Hol van a legnagyobb
[a Széchényi *(szécsé-
nyi)*, az Egyetemi]
könyvtár?
Hol találok egy kölcsön-
könyvtárat?
Hány könyvük van?

Szeretnék beíratkozni
ebbe a könyvtárba.
Egy napi olvasójegyet
szeretnék.
Mik a feltételek?

Mennyit kell fizetnem
egy hónapra [évre]?
Hogyan kell egy
könyvet kikérni?

---

a — ike o in *not;* e — like *ts* in *puts;* o — like Scottish o in
go: r — like Scottish r; ş — *sh* in *she;* u — like oo in *look*

Where are the subject [authors'] catalogues?	Hol van a szak- [szerzői] katalógus?
Do you also keep scientific works [English books]?	Tudományos könyveik [angol könyveik] is vannak?
I want some light reading.	Valami könnyű olvasmányt kérnék.
I want to use the periodicals [reference books] department.	Szeretném használni a folyóirat- [reference-] osztályt. [könyvet?]
Can I have this book?	Megkaphatom ezt a
It's in circulation at present.	Jelenleg ki van kölcsönözve.
I want the first [second] volume as well.	Kérem az első [a második] kötetet is.
May I have a Hungarian —English dictionary, please?	Kaphatnék egy magyar —angol szótárt?
When does the reading-room close?	Mikor zár az olvasóterem?
When do these books fall due?	Mikor járnak le ezek a könyvek?
I'd like to have these books prolonged.	Szeretném ezeket a könyveket meghosszabbíttatni.
Can I have this book put aside for me till tomorrow?	Félretennék nekem ezt a könyvet holnapig?
May I borrow that book of yours?	Kölcsönadná nekem ezt a könyvét?
I can read it quickly.	Hamar elolvasom.
I can read it in two days' time.	Két nap alatt elolvasom.
You can keep it as long as you like.	Magánál lehet, ameddig akarja.

cs = ch in chalk; dzs = j in jazz; ly = y in yes; sz = s in see; zs = s in pleasure; accent marks vowel length

I generally don't lend books.	Általában nem adok kölcsön könyvet.
I shall take care of it.	Nagyon fogok rá vigyázni.
When can I get it back?	Mikor kapom vissza?
I'll bring it back next week.	A jövő héten visszaadom.

3. Writing. Correspondence

3. Írás. Levelezés

I've two letters to write today.	Két levelet kell ma megírnom.
I must write a letter to ... [letters]	Levelet kell írnom ...-nak.
Are you fond of writing	Szeret levelet írni?
I've got no note-paper.	Nincs levélpapírom.
Can you let me have some note-paper?	Tud adni levélpapírt?
Have you got a pen [pencil]?	Van egy tolla [ceruzája]?
May I have your pen for a minute?	Megkaphatnám egy percre a tollát?
I can't write with this pen.	Nem tudok ezzel a tollal írni.
Here's my fountain-pen.	Itt van a töltőtollam.
It doesn't write.	Nem ír.
Try to hold it like this.	Próbálja így tartani!
This pen leaks.	Ez a toll folyik.
The ink's run out.	Kifogyott a tinta belőle.
I must have it refilled.	Újra kell töltetnem.
The point of my pencil's broken.	Kitörött a ceruzám hegye.
Have you got a pencil-sharpener?	Van egy ceruzahegyezője?

a — like o in *not;* e — like *ts* in *puts;* o — like Scottish o in *go;* r — like Scottish r; s = *sh* in *she;* u — like *oo* in *look*

I can't make out this word.	Nem tudom elolvasni ezt a szót.
Can you type?	Tud gépírni ⟨gépelni⟩?
Can you take shorthand?	Tud gyorsírni?
Put down my address.	Írja föl a címemet!
What's the date today?	Hányadika van ma?
Today is the fifth of May [5th May, 1986].	Május ötödike [1986. május 5] van.
Drop me a line.	Írjon egy pár sort!

For words see **At a Stationer's**, p. 156, **Date**, p. 100.

4. Beginning and Ending Letters	4. Levélkezdő és levélzáró formulák
Thank you for your letter (of the 29th July).	Köszönöm (július huszonkilencediki) levelét.
I have received your letter informing me that . . .	Megkaptam levelét, amelyben arról értesít, hogy . . .
I am sorry to inform you that . . .	Sajnálattal értesítem, hogy . . . [ványt.]}
I enclose a certificate.	Mellékelek egy bizonyít-}
Would you be good enough to let me know . . . ?	Legyen szíves, kérem, értesítsen *(értesíccsen)* . . .-ról!
Please let me have it by return of post.	Kérem, küldje *(külgye)* postafordultával!
Thanking you in advance for this favour. . .	Szívességét előre is köszönve. . .*
Thanking you for all the trouble you have taken. . .	Szíves fáradozását hálásan köszönve . . .*
I shall be very pleased to have a letter from you.	Nagy örömet fog szerezni, ha ír.*

cs = *ch* in *chalk;* **dzs** = *j* in *jazz;* **ly** = *y* in *yes;* **sz** = *s* in *see;* **zs** = *s* in *pleasure;* accent marks vowel length

Hoping to hear from you soon . . .	Remélve, hogy hamarosan ír . . .*
Hoping to have your early reply . . .	Remélve, hogy nemsokára választ kapok...*
Looking forward to your news . . .	Értesítésének előre örülve . . .*
I am looking forward to an early reply.	Nagyon fogok örülni, ha nemsokára választ kapok.*
Awaiting your news . . .	Értesítését várva . . .*
I am awaiting your news [reply].	Értesítését [válaszát] várom.*

a) The Form of a Hungarian Letter/A magyar levélforma

(Date)
Budapest, 1962. május 10.

(Salutation)
Kedves Marci !
or Igen tisztelt Brown Úr !

(Text)

(Closing)
Szeretettel csókol ⟨ölel⟩ :
Kati

or Őszinte tisztelettel :
Szabó Pál

---

a — like o in *not* ; e — like *ts* in *puts* ; o — like Scottish o in
go ; r — like Scottish r ; s = *sh* in *she* ; u — like *oo* in *took*

Note. — As regards the salutation in letters. *Dear* is = *Kedves* when one is writing to relatives, friends and intimate acquaintances, and it is = *(Igen) tisztelt* when writing to strangers (in formal notes and business letters). — See further the rules on addressing people in Hungarian, p. 187.

In ending a letter, the nearest Hungarian equivalents to the English closings are as follows:

In intimate notes:

Yours (ever) affectionately ⟨lovingly⟩ *Affectionately ⟨lovingly⟩ yours* *Affectionately ⟨lovingly⟩*	Szeretettel *or (to a friend)* Baráti szeretettel

In formal notes:

Yours (very) sincerely *(Very) sincerely yours* *Very sincerely*	Őszinte híve
Yours (very) faithfully *(Very) faithfully yours* *Faithfully*	Őszinte tisztelettel

In business letters:

Yours (very) truly	Őszinte tisztelettel
Yours respectfully	Kiváló tisztelettel

The close of the letter must be connected with the sentences marked above (*) by an appropriate phrase, such as *csókol* or *ölel* (in intimate notes), *vagyok* (in formal notes), *vagyok* or *maradok* (in business letters).

cs = *ch* in *chalk;* dzs = *j* in *jazz;* ly = *y* in *yes;* sz = *s* in *see;* zs = *s* in *pleasure;* accent marks vowel length

b) Postal Addresses on Envelopes
Címzés a borítékon

(Sender ⟨From⟩)
F.: Dr. Kis Géza

(Addressee)
{ *a)* Budai Pál
{ *b)* Németh Éva

(Address [town, district,
street, house number]))

a) 1011 BUDAPEST
    I., Fő utca 14.

b) 6720 SZEGED
    Kossuth L. u. 6/a

Note. — In Hungarian the name of the sender is written at the bottom of the envelope (left-hand corner), the name of the addressee in the middle, and his address at the bottom of the envelope on the right-hand side.

For words see **At the Post-Office,** p. 163.

XIV. Social, Political, Economic Topics and Affairs	XV. Társadalmi, politikai, gazdasági témák és ügyek
1. Work **Wages and Prices**	**1. Munka.** **Bérek és árak**
Hungary has a planned economy. Every field of production has its own plan coordinated	Magyarországon terv-gazdálkodás folyik. A termelés minden ágának megvan a maga

a — like o in *not;* c — like *ts* in *puts;* o — like Scottish, *o* in *go;* r — like Scottish *r;* s = *sh* in *she;* u — like *oo* in *look*

in the large national plan of 3 or 5 years or even longer periods.

terve, amely beleilleszkedik a három vagy öt évre, vagy még hosszabb időre szóló nagy országos tervbe.

Is there any unemployment in Hungary?

Van-e munkanélküliség Magyarországon?

There's full employment in Hungary.

Magyarországon teljes foglalkoztatottság van.

There's some labour shortage in a few branches of industry.

Némely iparágban munkaerőhiány van.

Skilled workers are in great demand everywhere.

A szakmunkásokat mindenütt keresik.

There are technical schools and training-colleges for industrial apprentices to supply the growing need for technicians.

Vannak technikumok és iparitanuló-intézetek, melyek gondoskodnak a növekvő szakmunkás- és technikusigény kielégítéséről.

How many hours do you work a week?

Hány órát dolgozik ön hetenként?

Do women have to work?

Dolgozniuk kell a nőknek?

More and more women go to work in all kinds of jobs.

Egyre több nő megy dolgozni mindenféle munkakörbe.

Nowadays mostly women with several children do house work only.

Ma már főleg csak a sokgyermekes asszonyok végeznek kizárólag házi munkát.

What's the average wage in Hungary?

Mi az átlagkereset Magyarországon?

cs = ch in *chalk;* **dzs** = j in *jazz;* **ly** = y in *yes;* **sz** = s in *see;* **zs** = s in *pleasure;* accent marks vowel length

*177

What's the average wage in Hungary for a worker?	Mi egy munkás átlagkeresete Magyarországon?
How much do you earn?	Mennyit keres Ön?
What is considered to be a living wage?	Mit tekintenek létminimumnak?
How much have you got left after paying for bare necessities?	Mennyi pénze marad a létminimumon túl?
Are rents high?	Magasak a lakbérek?
Can you save money?	Félre tud tenni pénzt?
Very many people have savings accounts.	Nagyon sok embernek van bankbetétje.
People are saving up to buy flats, motorbikes, cars, television sets,etc.	Az emberek lakásra, motorkerékpárra, autóra, televízióra stb. (=s a többi) gyűjtenek.
Real wages include many forms of social allotments, such as paid holidays, sick benefits, etc.	A reálbérek magukba foglalják a társadalmi juttatások számos formáját, pl. a fizetett szabadságot, betegségi segélyt stb. (=s a többi).
Real wages are being increased and are now much higher than they were before the war.	A reálbérek emelkednek, és ma sokkal magasabbak, mint a háború előtt.
Income taxes are very low.	A kereseti adó nagyon alacsony.

---

a — like o in not; e — like ts in puts; o — like Scottish o in go; r — like Scottish r; s — sh in she; u — like oo in look

Are you a member of a trade-union?	Szakszervezeti tag ön?
Almost everybody in Hungary is a member of one of the trade-unions.	Magyarországon majdnem mindenki tagja valamelyik szakszervezetnek.
What sphere of authority have the trade-unions?	Milyen hatásköre van a szakszervezetnek?

2. Social Welfare / 2. Társadalmi jólét

Workers and employees and also peasants in cooperatives receive medical treatment free of charge.	A munkások, az alkalmazottak és a szövetkezeti parasztok ingyenes orvosi ellátásban részesülnek.
Do you pay anything for medicines?	Fizet valamit a gyógyszerért?
Workers and employees and also peasants in cooperatives are entitled to a pension.	A munkások, az alkalmazottak és a szövetkezeti parasztok nyugdíjra jogosultak.
When do men [women] retire from work?	Mikor mennek nyugdíjba a férfiak [nők]?
What's the lowest pension?	Mennyi a legalacsonyabb nyugdíj?
How much would a worker's pension be on an average?	Mennyi átlagban egy munkás nyugdíja?
Do disabled people get a pension?	Rokkantak kapnak nyugdíjat?

cs = *ch* in *chalk;* dzs = *j* in *jazz;* ly = *y* in *yes;* sz = *s* in *see;*
zs = *s* in *pleasure;* accent marks vowel length

How many days' holiday do you have a year?	Mennyi évi szabadsága van?
After how many years of work?	Hány évi munka után?
People on holiday receive their full wages [salaries].	A szabadságukat töltők teljes bért [fizetést] kapnak.
Where do you go for your holiday?	Hol tölti a szabadságát?
People can spend their holiday in the country's resorts at a very low cost.	A dolgozók olcsón tölthetik szabadságukat az ország nyaralóhelyein.
Children of working families are cared for at a very low cost in crèches and kindergartens run by the state or councils.	A dolgozók gyermekeit az állami vagy tanácsi bölcsődékben és óvodákban gondozzák egészen csekély összegért.
How many months of maternity leave is a mother entitled to?	Hány hónap anyasági szabadság jár egy anyának?
Do you get child bounties?	Kapnak-e családi pótlékot a gyermek után?
Have you any housing-problems?	Van-e lakásprobléma?
People get state loans to build their own houses or privately owned flats.	Az emberek állami kölcsönt kapnak, hogy felépítsék (felépíccsék) saját házukat vagy öröklakásukat.
In some cases families are allocated flats free.	Sok esetben családoknak ingyen lakást utalnak ki.

a — like o in not; e — like ts in puts; o — like Scottish o in go; r — like Scottish r; s = sh in she; u — like oo in look

3. Political and Social System

3. Politikai és társadalmi rendszer

Hungary is a People's Republic [people's democratic country].

Magyarország népköztársaság [népi demokratikus állam].

Are you a member of the Communist Party?

Párttag ön?

I'm [not] a member of the party.

Párttag [pártonkívüli] vagyok.

Which is the highest legislative body in Hungary?

Mi a legmagasabb törvényhozó testület Magyarországon?

How often are parliamentary elections held?

Milyen gyakran tartanak országgyűlési választásokat?

Members of parliament are party members and non-party persons belonging to the Patriotic People's Front.

Az országgyűlési tagok párttagok és a Hazafias Népfronthoz tartozó pártonkívüliek.

Do they have to report back to their constituents?

Kell-e beszámolót tartaniuk a választóiknak?

From what age do people have the right to vote?

Milyen kortól van az embereknek választójoguk?

What's the organ of local government?	Mi a helyi kormányzatnak a szerve?
What matters come within the councils' sphere of authority?	Milyen ügyek tartoznak a tanácsok hatáskörébe?
How and for what period are councillors elected?	Hogyan és mennyi időre választják (választyák) a tanácstagokat?
Can they be recalled?	Visszahívhatók-e?

4. Culture and Education

4. Kultúra és oktatás

What's the school leaving age in Hungary?	Meddig tart az iskolaköteles kor Magyarországon?
What foreign languages are taught at secondary schools?	Milyen idegen nyelveket tanítanak a középiskolákban?
How many universities are there in Hungary?	Hány egyetem van Magyarországon?
How many students graduate from your universities every year?	Hány diák végez évente az egyetemeken?
What are the tuition fees?	Mennyi a tandíj?
Do students get scholarships ⟨grants⟩?	Kapnak a diákok ösztöndíjat?
What's the percentage of workers' and peasants' children among undergraduates?	Mi a munkás- és parasztszármazású fiatalok arányszáma az egyetemi hallgatók között?
What's the percentage of women students at universities?	Mi az arányszáma az egyetemeken a női hallgatóknak?

a — like o in *not* ; e — like *ts* in *puts* ; o — like Scottish o in *go* ; r — like Scottish *r* ; s — *sh* in *she* ; u — like *oo* in *look*

Have you got under-graduate colleges?	Vannak egyetemi kollégiumok?
What scientific degrees have you got?	Milyen tudományos fokozatok vannak?
The highest scientific institution in Hungary is the Academy of Sciences.	A legmagasabb tudományos intézmény Magyarországon a Tudományos Akadémia.
Have you got night schools ⟨evening classes⟩ [correspondance schools ⟨courses⟩]?	Vannak esti iskolák [levelező tanfolyamok]?
The highest government award given for outstanding cultural and scientific work is the Kossuth prize awarded annually.	A legmagasabb állami kitüntetés a Kossuth-díj, amelyet kimagasló kulturális és tudományos munkáért adományoznak évente.
What percentage of your wage [salary] can you spend on culture?	Bérének [fizetésének] hány százalékát tudja (tuggya) kultúrára költeni?
How often do you go to the cinema [theatre, opera]?	Milyen gyakran jár moziba [színházba, operába]?
Do you publish English [American, Australian] authors?	Adnak ki angol [amerikai, ausztráliai] szerzőket?
Are books cheap or dear in Hungary?	Drágák vagy olcsók a könyvek Magyarországon?

cs = ch in *chalk;* dzs = j in *jazz;* ly = y in *yes;* sz = s in *see;* zs = s in *pleasure;* accent marks vowel length

PART TWO

Elements of Conversation and Communication	A társalgás és közlés elemei

A. Greetings	**Köszöntés ⟨Üdvözlés⟩**
1. On Meeting	**1. Találkozáskor**
How do you do?	Üdvözlöm ! *(frequently accompanied by shaking hands)*
Good morning.	Jó reggelt (kívánok) !* ; *(after about 10 a. m.)* Jó napot (kívánok) !
Good afternoon. ⎫ *Good day.* ⎬	Jó napot (kívánok) !*
Good evening.	Jó estét (kívánok) !*
Hallo!	*(Approximately)* Szervusz ! *(See Note.)*

Note. — In Hungary the greeting *"Kezét csókolom!"* (lit. = I kiss your hand) is frequently used by men to greet ladies and by children to grown-ups.

The greeting *"Szervusz!"* (originally from Latin "servus humillimus" = your most humble servant) is only used when we say *"te"* (="thou") to somebody (see Introduction, pp. 13-14).

*Used also on parting.

a — like o in *not* ; c — like *ts* in *puts* ; o — like Scottish o in *go* ; r — like Scottish *r* ; s — *sh* in *she* ; u — like *oo* in *look*

184

2. On Parting

Good-bye.

See you later (again). ⟨So long., Au revoir.⟩

(I hope to)see you tonight [tomorrow. on Monday]. Bye-bye.

Cheerio.

Good night.

2. Elváláskor

Viszontlátásra!; (old-fashioned) Isten vele!

Viszontlátásra!; (colloquially) Viszlát!

Viszontlátásra ma este [holnap, hétfőn]! (Approximately) Szervusz! (See Note above.); (colloquially) Viszlát!

(Approximately) Minden jót!; (colloquially) Viszlát!

Jó éjszakát (kívánok)!

Note. — The form "Kezét csókolom!" (see Note above) is also used on leave-taking and parting.

B. Conversation (Mainly Polite)

1. Introduction. Meeting

May I introduce Mr. N. [my fried, my colleague] (to you))?

Let me introduce you to Mrs. N. [my wife].

This is Mr. N.

B. Társalgás (Főként udvarias)

1. Bemutatkozás. Találkozás

Megengedi, hogy bemutassam (önnek) N. urat [a barátomat, a kartársamat]?

Engedje (engeggye) meg, hogy bemutassam (önt) N.-nénak (full name!) [a feleségemnék]!

Bemutatom N. urat.

---

cs = ch in chalk; dzs = j in jazz; ly = y in yes; sz = s in see; zs = s in pleasure; accent marks vowel length

May I introduce myself to you?	Engedje *(engeggye)* meg, hogy bemutatkozzam!
My name is ...	... *(Name)* vagyok.
What name, please?	Szabad a nevét? ⟨Hogy hívják?⟩
Would you like to meet Mr. N. [my husband, my friend]?	Szeretne találkozni N. úrral [a férjemmel, a barátommal]?
This is ... of whom I spoke to you the other day.	Bemutatom ...-t, akiről a múltkor beszéltem önnek.
We have met before.	Már találkoztunk.
We haven't met before.	Még nem találkoztunk.
How do you do?	*(Generally no word of greeting is exchanged; people shake hands, and say their names.)*
Pleased to meet you.	Örvendek! ⟨Örülök, hogy megismerem!⟩
Glad ⟨nice⟩ to see you.	Örvendek! ⟨Örülök, hogy találkozunk!⟩
It's nice to see you again.	Örülök, hogy ismét találkozunk!
How are you?	Hogy van?; *(colloquially)* Hogy s mint?
Very well, thank you, and how are you?	Köszönöm, jól, és ön?
How's the world treating you?	Hogy vagy?*
How are things with you?	Mi van veled?*
What have you been doing with yourself?	Mi volt veled eddig? ⟨Mit csináltál, amióta nem láttalak?⟩*

* The sentence contains addressing by *"te"* (= "thou"), see Introduction, pp. 13-14.

a — like o in *not*; e — like *ts* in *puts*; o — like Scottish o in *go*; r — like Scottish *r*; s = *sh* in *she*; u — like *oo* in *look*

How is your wife [husband, daughter, son, baby, the family]?	Hogy van a felesége [férje, lánya, fia, kicsi, család]?
How are the children?	Hogy vannak a gyerekek?

2. Addressing Somebody

2. Megszólítás
(Beszélgetés elkezdése)

(Addressing a man) Excuse me, Sir.	Bocsánat ⟨elnézést⟩, uram!
(Addressing a woman) Excuse me, Madam.	Bocsánat ⟨elnézést⟩, asszonyom!
(Addressing a girl) Excuse me.	Bocsánat ⟨elnézést⟩, kisasszony!
(Addressing a policeman) Excuse me, officer.	Rendőr elvtárs!
I say!	Kérem! ⟨Halló!⟩
Porter!	Hordár!
Waiter!	Pincér!
Dear Comrades. Friends.	Kedves elvtársak! Barátaim!
Ladies und Gentlemen.	Hölgyeim és Uraim!

Note. — As regards addressing people, the following may be noted.

Relatives, friends, etc. are addressed in Hungarian as in English, i. e. by the words *apám* (Father), *apuka* (Daddy), *anyám* (Mother), *anyuka* (Mummy), etc. or their Christian names.

Mr. is = *úr*, with the surname (or full name) of the person addressed, but in Hungarian the *order is reversed,* i. e. *name + address,* e. g. Mr. (John) Smith = *Smith (János) úr.*

cs = *ch* in *chalk;* **dzs** = *j* in *jazz;* **ly** = *y* in *yes;* **sz** = *s* in *see;* **zs** = *s* in *pleasure;* accent marks vowel length

A Hungarian *married woman* has the suffix *-né* attached to her husband's surname (or full name), e. g. Mrs. Smith = *Smithné* (Mrs. John Smith = *Smith Jánosné*). (In Hungarian — contrary to the English — a married woman always uses her husband's Christian name.)

Miss is = *kisasszony*, also placed after surname (or full name), e. g. Miss (Eve) Smith = *Smith (Éva) kisasszony*.

Anyway, in ordinary conversation there are several ways of addressing ladies which are rather complicated and can only be mastered through daily practice.

You will often hear the words *elvtárs* (= comrade, for men) and *elvtársnő* (= comrade, for women) also placed after surname (or full name) used especially by members of the party, e. g. Comrade Kovács= *Kovács elvtárs [elvtársnő]*. *(Elvtárs(nő)* can be used without the name as well.)

Another way of addressing people in Hungarian is to use a word denoting the occupation of the person addressed together with *úr* (for men) and *-nő* (for women) or *elvtárs [elvtársnő]*, e. g. *kalauz úr [kalauznő]* (addressing a guard), *doktor úr [doktornő]* (addressing a doctor), etc.

Sir is = *uram* and *Madam* is = *asszonyom*.

"*Ladies and Gentlemen*" is = „*Hölgyeim és Uraim*".

May I speak to you [trouble, interrupt you] for a moment?	Beszélhetnék önnel [zavarhatnám önt] egy percre?
Am I disturbing?	Nem zavarom?
Are you very busy just now?	Nagyon el van most foglalva?

a — like o in *not*; c — like *ts* in *puts*; o — like Scottish o in *go*; r — like Scottish *r*; s = *sh* in *she*; u — like *oo* in *look*

I shan't keep you long.	Nem tartom fel sokáig.
Could you spare me a few minutes?	Volna egy pár perce a számomra?
There's something I want to tell [ask] you.	Szeretnék valamit elmondani [kérdezni].
May I ask you a question?	Kérdezhetek valamit?
Mr. N., I'd like to speak to you.	Mr. N., szeretnék beszélni önnel.
Can I speak to Mr. N.?	Beszélhetnék Mr. N.-nel?
Is Mr. N. free to see me?	Ráér N. úr, hogy fogadjon *(fogaggyon)* engem?
Mr. N., I presume?	⎰ N. úrhoz van szerencsém? ⎱ N. úr?
My name is …	… vagyok.
There's someone wants to speak to you.	Valaki szeretne önnel beszélni.
Why, if it isn't Mrs. N.!	Á, csak nem N.-né?
Don't you remember me ⟨recognize me⟩?	Nem emlékszik rám ⟨ismer meg⟩?
I don't think we've met before, have we?	Találkoztunk mi már?
Didn't we meet somewhere?	Nem találkoztunk már valahol?
We've met before.	Már találkoztunk.
I know you by sight [by name].	Látásból [névről] ismerem önt.
May I call you by your Christian name?	Szólíthatom (önt) a keresztnevén?
If you like.	Tessék.

cs = ch in chalk; **dzs** = j in jazz; **ly** = y in yes; **sz** = s in see; **zs** = s in pleasure; accent marks vowel length

189

3. Invitation. Appointment

3. Meghívás. Találkozó

Are you busy [free] this evening?

Foglalt [ráér] ma este?

Can we arrange a meeting [program] for tomorrow?

Megbeszélhetünk egy találkozót [programot] holnapra?

Would you care to come and have lunch [dinner, tea, a chat] with me [us]?

Eljönne ebédre [vacsorára, teára, elbeszélgetni] hozzám [hozzánk]?

I should very much like you to meet my wife.

Nagyon szeretném, ha megismerné a feleségemet.

Do come round to our place one evening.

Jöjjön el hozzánk valamelyik este!

I'm free ⟨at a loose end⟩.

Ráérek. ⟨Szabad vagyok.⟩

I'm sorry I'm booked up for this evening [tomorrow, the whole week].

Sajnos, ma estére [holnapra, az egész hétre] már el vagyok foglalva.

I'm not sure whether I'm free, but I can let you know tomorrow (if it's no good).

Nem biztos, hogy ráérek, de holnap meg tudom mondani (ha nem felel meg).

Thanks awfully, that'd be very nice.

Köszönöm szépen, nagyon jó lenne.

I should like to (come) very much.

Nagyon szeretnék (eljönni).

I [we] should love to come.

Örömmel eljönnék [eljönnénk].

I'm afraid I've got to be away on that day.

Sajnos, aznap el kell utaznom valahová.

---

a — like o in *not*; e — like *ts* in *puts*; o — like Scottish o in *go*; r — like Scottish *r*; s — *sh* in *she*; u — like *oo* in *look*

Can we fix the time?	Megállapodhatnánk az időben?
Would half past 7 p. m. on Monday suit you?	Hétfő fél nyolc megfelelne önnek?
What about Tuesday evening [tonight]?	Például kedd este [ma este] ?
Would Saturday be possible for you? But it doesn't matter if any other day [time] suits you better.	Szombat számításba jöhet? De bármely más nap [idő] jó, ha önnek az inkább megfelel.
I'd rather have it a little later.	Inkább egy kicsit később.
How do I get to you?	Hogyan jutok el oda [önökhöz]?
Take tram [bus] No. 6 to ... and I can meet you there.	Szálljon fel a hatos villamosra [autóbuszra], menjen *(mennyen)* vele ...-ig! Én ott fogom várni.
Where about will you be?	Hol fog várni?
At the entrance of the theatre [hotel].	A színház [szálloda] bejáratánál.
Will you come and pick me up at the hotel?	Eljönne értem a szállodába?
Do try to come, I shall be so glad to see you (if you can come).	Igazán jöjjön el, nagyon örülnék (ha el tudna jönni).
I'll only accept if it's not putting you [your wife] to any inconvenience.	De csak akkor fogadom el a meghívást, ha önt [a feleségét] nem zavarom.
May I take ⟨see⟩ you home?	Hazakísérhetem?

cs = ch in *chalk*; **dzs** = j in *jazz*; **ly** = y in *yes*; **sz** = s in *see*; **zs** = s in *pleasure*; accent marks vowel length

Would you care for me to come with you?	Elkísérhetem magát?
Let's go somewhere and have a drink.	Menjünk (mennyünk el valahová, és igyunk valamit!

4. Paying a Visit

4. Látogatás

Shall we wear evening dress [dinner-jacket]?	Estélyi ruhát (for women), sötét ruhát [szmokingot] (for men) veszünk fel?
Are we going to change?	Átöltözünk?
I think a lounge-suit will do, won't it?	Azt hiszem, utcai ruha (is) megteszi, nem?

For words see **Dressing, Clothes**, p. 81.

Come in!	Tessék! ⟨Szabad!⟩
There's the bell. ⟨There's a ring at the door.⟩	Csengetnek.
I wonder who it is.	Vajon ki az?
Who is it?	Ki az?
Is Mr. [Mrs.] N. at home?	Itthon van N. úr [-né]?
Can I speak to Mr. [Mrs.] N.?	Beszélhetnék N. úrral [-néval]?
Mr. N.?	N. úr?
My name is . . .	. . . vagyok.
Mr. [Mrs.] N. told me to come and see you. I believe he's written to you.	Mr. [Mrs.] N. mondta, hogy látogassam meg önt. Úgy tudom, írt önnek.
I'm sorry Mr. [Mrs.] N. is not in ⟨at home⟩.	Sajnálom, de Mr. [Mrs.] N. nincs itt ⟨itthon⟩.
When will he be home?	Mikor jön haza?

a — like o in *not*; e — like *ts* in *puts*; o — like Scottish o in *go*; r — like Scottish *r*; s — *sh* in *she*; u — like *oo* in *look*

192

He'll be in [home] tomorrow [later].	Itt [itthon] lesz holnap [később].
Shall I give him any message?	Átadjak *(átaggyak)* neki valami üzenetet?
Can I leave a message for him?	Hagyhatok neki üzenetet?
I had to pass here this morning, so I thought I'd look in.	Erre kellett elmennem ma délelőtt, így gondoltam, benézek.
I rang up, but couldn't find him.	Kerestem telefonon, de nem találtam.
There you are, Martha!	Á, Márta!
It's quite an age since I saw you.	Ezer éve nem láttam!
How nice to see you.	Hogy örülök, hogy látom!
Walk in.	Tessék befáradni!
This way, please.	Erre tessék!
I'm rather late, I'm afraid.	Attól tartok, kicsit elkéstem.
I hope I'm not late.	Remélem, nem késtem el.
I couldn't get here before [in time].	Nem tudtam ideérni előbb [idejében].
Sit down, please. ⟨Won't you sit down?⟩	Foglaljon helyet!
Make yourself at home.	Érezze magát otthon!
I just dropped in to see you [to say hallo].	Csak éppen benéztem.
I just dropped in to say good-bye.	Csak épp búcsúzni jöttem.
We've come [I've come] to say good-bye.	Búcsúzni jöttünk [jöttem].

For possible topics of conversation see under separate headings.

cs = *ch* in *chalk;* **dz** = *j* in *jazz;* **ly** = *y* in *yes;* **sz** = *s* in *see;* **zs** = *s* in *pleasure;* accent marks vowel length

5. Parting   ## 5. Búcsúzás

I must really be going now.	Most már igazán mennem kell.
I can't stay now, I'm afraid.	Sajnos, nem maradhatok.
It's time we were getting along.	Ideje, hogy induljunk.
It's late.	Késő van.
I have a lot to do today.	Ma még sok dolgom van.
I have other places to call at.	Más helyre is el kell még mennem.
Must you go already?	Igazán mennie kell már?
Can't you stay a little longer?	Nem maradhatna még?
I do wish you'd stay for a cup of tea.	Szeretném, ha itt maradna egy csésze teára.
(I'll stay longer) some other time.	Majd máskor (tovább maradók).
I'll run over on Monday [on Tuesday].	Majd eljövök hétfőn [kedden].
Glad to have met you.	Örülök, hogy találkoztunk.
It was a great pleasure to meet you.	Nagyon örülök, hogy megismerkedtünk.
I'm so glad we have met at last.	Nagyon örülök, hogy végre megismerkedtünk.
I hope we shall meet again soon.	Remélem, hamarosan ismét látjuk *(láttyuk)* egymást.
When can I see you again?	Mikor láthatom újra?

---

a — like o in *not* ; **e** — like *ts* in *puts* ; **o** — like Scottish o in *go* ; **r** — like Scottish r´ ; **s** — *sh* in *she* ; **u** — like *oo* in *look*

194

You must look me up when you come to England [Hungary] again.	Feltétlenül keressen fel, ha ismét Angliába [Magyarországra] jön!
Here's my address.	Itt van a címem.
You must write me (as soon as you arrive).	Feltétlenül írjon nekem (amint megérkezik)!
I'll write to you.	Majd írok önnek.
Thank you for your visit. It was very nice to have you.	Köszönöm a látogatást.
Thank you for coming along.	Köszönöm, hogy eljött.
Thank you ever so much for the treat ⟨your kind hospitality⟩.	Köszönöm a vendéglátást.
It's been very kind of you to come and see us.	Nagyon kedves, hogy meglátogatott.
Give my (kind) regards to N.	Adja (aggya) át (szíves) üdvözletemet N.-nek!
Please give my best wishes to ...	Adja (aggya) át jókívánságaimat ...-nek!
Remember me to ...	Adja (aggya) át üdvözletemet ...-nek!
My love to N.	N.-t csókoltatom.

6. Asking Permission*   6. Engedélykérés

May I?	Szabad?
May ⟨can, do you mind if⟩ I	Szabad
ask a question [why]?	kérdeznem valamit [miért]?
ask you a favour?	egy szívességre kérnem?

* See also under particular subjects.

cs = ch in *chalk;* dzs = j in *jazz;* ly = y in *yes;* sz = s in *see;* zs = s in *pleasure;* accent marks vowel length

borrow your paper?	Megkaphatom az újság-ját?
close the door [window]?	Becsukhatom az ajtót [ablakot]?
come?	Jöhetek?
come in [out, up, down] ?	Be- [ki-, fel-, le-] jöhe-tek?
do it ?	Megtehetem?
get this [your address] ?	Megkaphatom (ezt) [a címét]?
go ?	Mehetek?
go in [out, up, down] ?	Be- [ki-, fel-, le-] mehe-tek?
have a look ?	Megnézhetem?
hear it, too ?	Hallhatnám én is?
keep it ?	Megtarthatom?
leave it here [there] ?	Itt- [ott-] hagyhatom?
open it ?	Kinyithatom?
open the window [door]?	Kinyithatom az ablakot [ajtót]?
put it here [there]?	Ide- [oda-] tehetem?
see ⟨take⟩ you home ?	Hazakísérhetem (ma-gát)?
take it ?	Elvehetem?
take it home ?	Elvihetem haza?
take it with me ?	Magammal vihetem?
take one [some] ?	(El)vehetek egyet [néhá-nyat]?
tell him ?	Megmondhatom neki?
try it ?	Megpróbálhatom?
use this [that] ?	Használhatom (ezt [azt])?
wait here ?	Várhatok itt?

a — like o in *not;* e — like *ts* in *puts;* o — like Scottish o in *go;* r — like Scottish r; s — *sh* in *she;* u — like *oo* in *look*

7. Asking for Orders. Offer of Help*

7. Parancs iránt való érdeklődés. Segítség felajánlása

Shall I ⟨am I to, do you want me to⟩	
arrange it (for you)?	Elintézzem (önnek)?
ask it (for you)	Megkérdezzem (önnek)?
bring it (to you)?	Hozzam ide (önnek)?
check it?	Utánanézzek? ⟨Ellenőrizzem?⟩
close the door [window]?	Becsukjam az ajtót [ablakot]?
come?	Jöjjek?
come in [out, up, down]?	Be- [ki-, fel-, le-] jöjjek?
do it?	Megtegyem?
find it out for you?	Megnézzem?
get it (for you)?	Megszerezzem ⟨elhozzam⟩ (önnek)?
give this to you?	Odaadjam (-aggyam) ezt önnek?
go?	Menjek (mennyek)?
go in [out, up, down]?	Be- [ki-, fel-, le-] menjek (mennyek)?
help you?	Segítsek (segíccsek)?
hold it?	Tartsam (tarcsam)?
keep it?	Megtartsam (-tarcsam)?
leave this here [there]?	Itt- [ott-] hagyjam (haggyam)?
lock the door?	Bezárjam az ajtót?
look it up for you?	Megnézzem önnek?
open it?	Kinyissam?
put this here [there]?	Ide- [oda-] tegyem?
show it to you?	Megmutassam?

* See also under particular subjects.

cs = ch in chalk; dzs = j in jazz; ly = y in yes; sz = s in see; zs = s in pleasure; accent marks vowel length

take it (with me)?	Elvigyem (magammal)?
tell him (all about it)?	Elmondjam (-mongyam) neki (az egészet)?
wait here?	Itt várjak? ⟨Várjak itt?⟩

8. Request*   8. Kérés, kérelem

Will you ...?	Legyen szíves ...!
Will ⟨would⟩ you, please,	Kérem, ⟨Legyen szíves,⟩**
arrange it for me?	intézze el nekem!
ask him?	kérdezze meg tőle!
bring it here?	hozza ide!
check up on it?	nézzen utána!
close the window [door]?	csukja be az ablakot [ajtót]!
come?	jöjjön!
come in [out, up, down, here]?	jöjjön be [ki, fel, le, ide]!
do it (for me)?	tegye meg (nekem)!
do me a (great) favour?	tegyen meg nekem egy (nagy) szívességet!
find it out (for me)?	nézze meg (nekem)!
get it (for me)?	szerezze meg ⟨hozza ide⟩ (nekem)!
give it to me (for a moment)?	adja (aggya) ide (egy pillanatra)!
go?	menjen ⟨mennyen⟩!
go in [out, up, down, there]?	menjen ⟨mennyen⟩ be [ki, fel, le, oda]!

* See also under particular subjects.

** 'Legyen szíves' or 'Kérem' may be left out in these sentences. but that will turn them into rather harsh imperatives.

a — like o in not; c — like ts in puts; o — like Scottish o in go; r — like Scottish r; s — sh in she; u — like oo in look

help me?	segítsen *(segíccsen)!*
hold it (for a minute)?	tartsa *(tarcsa)* (egy pillanatig)!
leave it here?	hagyja *(haggya)* itt !
let me know? ·	szóljon (nekem) ! ⟨Értesítsen *(értesíccsen)* (engem) !⟩
lock the door?	zárja be az ajtót !
look it up (for me)?	nézze meg (nekem) !
open it ?	nyissa ki !
put it here [there] ?	tegye ide [oda] !
show it to me ?	mutassa meg nekem !
sit down ?	üljön le !
take it ?	vegye el !
take it (with you, there) ?	vigye el (magával, oda) !
tell him (all about it) ?	mondja *(mongya)* el neki (az egészet) !
wait a minute ? I shan't be long. ⟨I'll be here in a minute.⟩	várjon egy percet, rögtön jövök !

9. Giving, Refusing Permission

9. Engedély megadása, megtagadása

Yes, you may ⟨can⟩.	Igen, tessék !
Please do.	Kérem, tessék !
By all means.	Feltétlenül.
I have no objection to it.	Nincs kifogásom ellene.
No, you can't.	Nem !
Please don't.	Kérem, ne tegye !
I'm afraid you can't (do that).	Sajnos, nem (teheti meg).
You mustn't (do that).	Nem szabad (megtennie) !

cs = ch in *chalk;* dzs = j in *jazz;* ly = y in *yes;* sz = s in *see;* zs = s in *pleasure;* accent marks vowel length

10. Accepting, Declining Offer of Help, etc.

10. Felajánlt segítség stb. elfogadása, elhárítása

Yes, will you (please).
Please do.
If it's not too much trouble for you.

Igen, legyen szíves!
Legyen szíves!
Ha (az) nem túl nagy fáradság *(fáraccság)* önnek.

Yes, thank you.
Are you sure you can do it?
No, thank you.
I'm all right.
Don't worry, please.

Igen, köszönöm.
Biztos, hogy meg tudja *(tuggya)* csinálni?
Nem, köszönöm.
Jól vagyok.
Ne fáradjon *(fáraggyon)*, kérem!

I can do it myself.

Meg tudom magam is csinálni.

I don't want to put you to any trouble [to disturb you].

Nem akarom fárasztani [zavarni] ezzel.

11. Complying with, Refusing a Request

11. Kérés teljesítése, elutasítása

Yes, I will.
Certainly. ⟨Willingly.⟩

Igen.
Hogyne! ⟨Készséggel *(késséggel)!*⟩

With pleasure.
I shall be delighted to.
I have no objection to it.
All right. ⟨Right oh!⟩
Just as you like.
No, I won't.
Sorry, I can't (do that).
It's not possible.

Szívesen!
Boldogan!
Nincs kifogásom ellene.
Rendben van.
Ahogy óhajtja *(óhajtya).*
Nem!
Sajnos, nem (tehetem).
Nemlehet. ⟨Lehetetlen.⟩

---

a — like o in *not*; **e** — like *ts* in *puts* o; — like Scottish o in *go*; **r** — like Scottish *r*; **s** = *sh* in *she*; **u** — like *oo* in *look*

12. Offering, Handing Something to Somebody*

(Please) have ⟨take⟩ one [some, more].
Take this.
Here you are.
After you.
This is for you.

Can I do anything to help you?
What can I do to help you?
You'll oblige me by accepting it.

12. Kínálás ⟨felajánlás⟩, átadás

(Tessék,) vegyen egyet [néhányat, többet] !
Vegye ezt !
Tessék !
Tessék csak !
Ez az önél; *(intimately)* Ez a tied.
Miben segíthetnék?

Mivel segíthetnék?

Lekötelez vele, ha elfogadja.

13. Thanking and Reassuring People

Thanks.

Thank you (very much).
Thank you (so much).
I'm very much obliged to you.
It's very kind [thoughtful] of you.
You are very kind.
I'm really very grateful ⟨thankful⟩ to you.
Thank you for all the trouble you took.

13. Köszönet kifejezése

Köszönöm ;
 (colloquially) Kösz.
Köszönöm (szépen).

Nagyon lekötelez.

Nagyon kedves [figyelmes] öntől.
Ön nagyon kedves.
Igazán nagyon hálás vagyok.
Köszönöm a fáradozását.

* See also under particular subjects.

cs = *ch* in *chalk* ; dzs = *j* in *jazz* ; ly = *y* in *yes* ; sz = *s* in *see* ; zs = *s* in *pleasure* ; accent marks vowe l length

Thanks again for your help.	Még egyszer köszönöm a segítségét (segiccségét).
What can I do for you in return?	Mivel hálálhatom meg önnek?
I hope I can do the same for you one day.	Remélem, egyszer még viszonozni tudom.
Not at all.	Nincs mit.
It's nothing.	Semmi az egész.
You're welcome.	Szívesen; (giving an article of clothing, a useful object, etc.) Használja egészséggel (egésséggel)!
Don't mention it. ⟨*Not at all.*⟩	Szóra sem érdemes. ⟨Kérem.⟩

14. Receiving Something (a Present, etc.)

14. Ajándék átvétele

Is this really for me?	Ez igazán az enyém?
This is a surprise!	Ez aztán meglepetés!
It's just the very thing I've been wanting.	Pont ez az, amire vágytam!
Are you sure you can spare it?	Biztos, hogy nélkülözni tudja?

For thanking, etc. see above, p. 201.

15. Apologies and Reassuring People

15. Bocsánatkérés

I beg your pardon. *I'm sorry. So sorry.*	Bocsánat! ⟨Pardon!⟩
I'm really awfully sorry.	Bocsánatot kérek!; (colloquially) Ezer bocsánat!

a — like o in *not*; e — like *ts* in *puts*; o — like Scottish o in *go*; r — like Scottish *r*; s = *sh* in *she*; u — like *oo* in *look*

I do hope I haven't hurt you.	Remélem, nem fáj!
I must apologize.	Bocsánatot kell kérnem.
It was quite unintentional.	Nem akartam. ⟨Teljesen véletlen volt.⟩
It was most thoughtless of me.	Nagyon meggondolatlan voltam.
(I hope you'll) forgive me.	Bocsásson meg!
Excuse me for disturbing.	Bocsánat a zavarásért!
Excuse me, but I must be going.	Bocsánat, de mennem kell.
Excuse me, but I can't stop now.	Bocsánat, de most nem tudok megállni.
Tom sends his excuses, but he can't come.	Tomi elnézést kér, de nem tud jönni.
Will you make my excuses to N.?	Legyen szíves, mentsen (mencsen) ki N.-nél!
It wasn't my fault.	Nem az én hibám volt.
(It was all) my fault.	Az én hibám.
That's all right.	Kérem!
It's nothing at all.	Nem történt semmi.
Don't worry about it.	Szóra sem érdemes.
I quite understand.	Teljesen megértem.
(I beg your) Pardon?	Tessék?
What did you say? ⟨What's that?⟩	Mit mondott, kérem? ⟨Mi?⟩
Sorry, I wasn't listening.	Bocsánat, nem figyeltem oda.
Sorry, I didn't hear.	Bocsánat, nem hallottam.

See also **Foreign Language**, p. 25.

cs = *ch* in *chalk*; **dzs** = *j* in *jazz*; **ly** = *y* in *yes*; **sz** = *s* in *see*; **zs** = *s* in *pleasure*; accents mark vowel length

16. Wishes

Good luck (to you).
(I wish you) good work [much success].
All the best wishes!
Many happy returns of the day.

Long live Hungary!
Your health!
Here's to you!
Cheers!
I propose the health of N.

A Merry Christmas and a Happy New Year.

The same to you.
Enjoy your meal.
Have a good time.
I hope you'll enjoy yourself.

Bon voyage.
I hope you'll have a pleasant journey.

I wish I saw [heard, did, knew] it.

I wish I had seen [heard, done, known] it.
I wish I were [had been] there.

16. Kívánságok

Sok szerencsét !
Jó munkát [sok sikert] (kívánok) !
Minden jót !
(Birthday greeting) Sok boldog születésnapot !;
(otherwise) Még sok boldogságot (kívánok) !
Éljen Magyarország !

Egészségére *(egésségére) !*
Igyunk N. egészségére *(egésségére)* !
Kellemes karácsonyt és boldog újévet (kívánok) !
Viszont.
Jó étvágyat !

Jó mulatást !
⟨Jó szórakozást !⟩

Jó utazást !

Bárcsak látnám [hallanám, megtenném, tudnám] !
Bárcsak láttam [hallottam, megtettem, tudtam] volna !
Bárcsak ott lennék [lettem volna] !

---

a — like o in *not*; **c** — like *ts* in *puts*; **o** — like Scottish *o* in *go*; **r** — like Scottish *r*; **s** = *sh* in *she*; **u** — like *oo* in *look*

I wish I could do it.	Bárcsak meg tudnám tenni !
I wish he were here.	Bárcsak ⟨De jó lenne, ha⟩ itt lenne !

C. Asking, Giving and Receiving Information

C. Felvilágosítás kérése, adása; hír közlése, fogadása

1. Simple Enquiries*

1. Egyszerű tudakozódás

Could you give me any ⟨some⟩ information about ...?	Tudna felvilágosítást adni ... felől?
What ?	**Mi ?** or *(objective case)* **Mit ?**
What is this?	Mi ez ?
May I ask what this [that] is?	Szabad kérdeznem, mi ez [az]?
Which is it?	Melyik az?
Could you tell me which it is?	Meg tudná mondani, melyik az?
What's this [that] called?	Minek hívják ezt [azt] ?
I don't know what it is called.	Nem tudom, minek hívják.
What's its name?	Hogy hívják?
What's that made of?	Miből van?
What's it used for?	Mire használják?
What is it like ?	Milyen ?
What does it look like?	Milyen ? ⟨Hogy néz ki?⟩
What colour?	Milyen színű?

* See also under particular subjects, such as **Travelling**, **Time** and many others.

cs = *ch* in *chalk* ; dzs = *j* in *jazz* ; ly = *y* in *yes* ; sz = *s* in *see* ; zs = *s* in *pleasure* ; accent marks vowel length

What are you talking about?	Miről beszél ön?
What does he say?	Mit mond?
Who?	**Ki?**
Whom?	Kit?
Who is he?	Ki ⟨Kicsoda⟩ ő?
To whom? ⟨*Who to?*⟩	Kinek?
From whom? ⟨*Who from?*⟩	Kitől?
Who did you give it to?	Kinek adta?
Who did you ask?	Kit kérdezett meg?
Who did you say?	Kit mondott?
Who [What] are you waiting for?	Kire [mire] vár ön?
Who are you talking about?	Kiről beszél ön?
Whose is this [that]?	Kié ez [az]?
Where?	**Hol?**
Where is this [that]?	Hol van ez [az]?
Where from?	Honnan?
Where to?	Hová?
Which way?	Merre?
Where have you come from?	Honnan jött ön?
Where did you get it from?	Honnan vette ön?
Where are you taking it to?	Hová viszi?
Where did you put it?	Hová tette?
Why? What for?	**Miért?**
Why is it so?	Miért van így?
What are you doing that for?	Miért csinálja azt?

a — like o in *not;* c — like *ts* in *puts;* o — like Scottish o in *go;* r — like Scottish *r;* s — *sh* in *she;* u — like *oo* in *look*

Why are you taking this away?	Miért veszi el?
What are you bringing this for?	Miért hozza ezt?

How?	**Hogyan?**
How large [small, far, often]?	Milyen nagy [kicsi, messze, gyakran]?
How do you say this in Hungarian?	Hogy mondják *(mongyák)* ezt magyarul ?
How do you know?	Honnan tudja *(tuggya)?*
How does it work?	Hogyan működik?
How much?	Mennyi?
How many?	Hány?

When?	**Mikor?**

For expressions of time see pp. 95-101.

2. A Few Simple Answers*	**2. Néhány egyszerű válasz**
This (one).	Ez; *(objective case)* Ezt.
This is the one.	Ez az.
That one.	Az; *(objective case)* Azt.
These.	Ezek; *(objective case)* Ezeket.
These are the ones.	Ezek azok.
Those.	Azok; *(objective case)* Azokat.
Here.	*(Place)* Itt; *(direction)* Ide.
There.	*(Place)* Ott; *(direction)* Oda.

* See also Appendix A.

cs = *chi* n *chalk;* dzs = *j* in *jazz;* ly = *y* in *yes;* sz = *s* in *see;* zs = *s* in *pleasure;* accent marks vowel length

Over there.	*(Place)* Amott;
	(direction) Amoda.
From here [there].	Innen [Onnan].
From over there.	A túlsó oldalról.
From N.	N.-től.
To [for] N.	N.-nek. ⟨N. számára.⟩
It's mine [yours, his, hers; ours, yours, theirs].	Az enyém [öné, övé; övé; a miénk, önöké, övék].
Because	Mert
I need it.	szükségem van rá.
I must ⟨have to⟩ do so.	így kell tennem.
I must not do so.	nem szabad azt tennem.
I like it (that way).	én (így) szeretem ⟨nekem (így) tetszik *(teccik)*⟩.
everybody must do so.	mindenkinek így kell tennie.
it's (not) necessary.	(nem) szükséges.
(I do it) like this.	Így (csinálom).
It works like this.	Így működik.
Let me show it to you.	Megmutatom önnek.
It doesn' work (now).	(Most) nem működik.
I see ⟨understand⟩.	Értem.
There are many [some, few].	Sok [néhány, kevés] van.
There is much [little].	Sok [kevés] van.

3. News	3. Hírek
What's the (latest) news?	Mi (a legfrissebb) újság?
Have you got any news for me (yet)?	Van (már) valami újságja a számomra?
I've heard (about) it.	Hallottam (róla).

a — like o in n*o*t; e — like *ts* in p*u*ts; o — like Scottish o in g*o*; r — like Scottish *r*; s — sh in s*h*e; u — like oo in l*oo*k

I've been [I was] told about it.	Elmondták nekem. ⟨Hallottam róla.⟩
I haven't heard of that before.	Nem hallottam (még) róla.
That's news to me.	Ez újság számomra.
(Is that) really so?	Igazán?
Well, I never!	Nahát! ⟨Még ilyet!⟩
I'm sorry to hear it [that].	Ó, de sajnálom!
I'm glad to hear it [that].	Örülök neki.
I'm surprised to hear it.	Csodálkozom rajta.
Fantastic [horrible, amazing, scandalous, strange]!	Fantasztikus [szörnyű, elképesztő, szégyenletes, furcsa]!
How dreadful [terrible]!	Rémes [szörnyű]!
It's a (great) pity.	(Nagy) kár.

4. To Say that Something Has Been Lost

4. Annak bejelentése, hogy valami elveszett

I've lost my key [bag, note-case, camera, ticket, pen, spectacles, documents].	Elvesztettem a kulcsomat [táskámat, tárcámat, fényképezőgépemet, jegyemet, tollamat, szemüvegemet, az irataimat].
I can't find it [them] anywhere.	Nem találom sehol.
I wonder if I dropped it [them] somewhere (in the street].	Talán leejtettem valahol (az utcán) *(uccán).*
I had it [them] a short time ago.	Nemrég még megvolt [megvoltak].
It [they] can't be lost.	Nem veszhetett [veszhettek] el.

cs = ch in *chalk;* dzs = j in *jazz;* ly = y in *yes;* sz = s in *see;* zs = s in *pleasure;* accent marks vowel length

Will you help me to find it [them]?	Segítene megkeresni?
It [they] must be somewhere here.	Itt lesz [lesznek] valahol.
Where did you have it [them] last?	Hol volt [voltak] meg utoljára?
I can't remember (exactly).	Nem emlékszem (pontosan).
You haven't seen it [them] anywhere, have you?	Nem látta valahol véletlenül?
Have you looked everywhere [in your pockets, your suitcase, at the hotel, in the next room]?	Nézte már mindenütt [a zsebeiben, a bőröndjében *(bőröngyében)*, a szállodában, a szomszéd szobában]?
Why, here it is [they are].	Ó, hát itt van [vannak]!
I've found ⟨got⟩ it.	Megtaláltam! ⟨Megvan!⟩
This is it.	Ez az.
Where's the Lost Property Office?	Hol van a talált tárgyak osztálya?

5. Leaving a Message

5. Üzenethagyás

Can I leave a message with you for N.?	Hagyhatok egy üzenetet önnél N. számára?
Can you give a message to N. from me?	Át tudna adni N.-nek egy üzenetet tőlem?
If anybody calls, please tell him I'll be back soon [by 3, this afternoon, this evening, tomorrow, on Tuesday].	Ha valaki keres, legyen szíves, mondja *(mongya)* meg neki, visszajövök hamar [háromra, délután, estére, holnap, kedden]!

a — like o in not; e — like ts in puts; o — like Scottish o in go; r — like Scottish r; s = sh in she; u — like oo in look

Please tell him I've gone out for a walk [to see N., to buy something].	Legyen szíves, mondja *(mongya)* meg neki, hogy elmentem egyet sétálni [meglátogatni N.-t, vásárolni valamit]!
Please tell him to wait till I come back.	Legyen szíves, mondja *(mongya)* meg neki, hogy várjon rám, amíg visszajövök!
Please tell him to come after me to ...	Legyen szíves, mondja *(mongya)* meg neki, hogy jöjjön utánam ...-ba!
Please tell him to leave with you anything he's brought for me.	Legyen szíves, mondja *(mongya)* meg neki, hogy hagyja *(haggya)* önnél, amit számomra hozott!
Please tell him to leave a message so that I can get into contact with him.	Legyen szíves, mondja *(mongya)* meg neki, hogy hagyjon *(haggyon)* üzenetet, hol tudok vele érintkezésbe lépni!

D. Perception. Memory

D. Érzékelés. Emlékezet

1. Seeing

1. Látás

Can you see that [them]?	Látja (azt [azokat])?
I can see that [them].	Látom (azt [azokat]).
I can't see that [them].	Nem látom (azt [azokat]).

cs = ch in chalk; dzs = j in jazz; ly = y in yes; sz = s in see; zs = s in pleasure; accent marks vowel length

Can you see that [them] well?

I can't see it well. It's too far [small].

Show it to me.
May I have a look?
Look!
What are you looking at?
Did you see [Have you seen] it?
Haven't you seen N. by any chance?

Jól látja *(láttya)* (azt [azokat])?

Nem látom jól.
Túl messze van [túl kicsi].

Mutassa meg nekem !
Megnézhetem?
Odanézzen !
Mit néz?
Látta?

Nem látta véletlenül N.-t?

2. Hearing

Can you hear that [them]?
I can hear it.
I can't hear it.
Can you hear it [me]?
I can't hear you well. There's rather a lot of noise going on here.
May I hear it?
Listen!
What are you listening to?
Did you hear [Have you heard] it?

2. Hallás

Hallja (azt [őket])?
Hallom.
Nem hallom.
Hallja? [Hall engem?]
Nem hallom önt jól. Nagy zaj van körülöttem.
Hallhatom én is?
Figyeljen csak !
Mit hallgat?

Hallotta?

3. Other Senses

What does it feel like?
It's soft [hard, rough, smooth].

3. Más érzékszervek

Milyen?
Puha [kemény, durva, sima].

a — like o in *not*; e — like *ts* in *puts*; o — like Scottish o in *yo*; r — like Scottish *r*; s — *sh* in *she*; u — like oo in *look*

What does it taste like?	Milyen ízű?
It's sweet [bitter, sour, salty, hot, tasty].	Édes [keserű, savanyú, sós, erős, ízletes].
It smells nice.	Jó szagú.
It smells bad. ⟨It stinks.⟩	Rossz szagú. ⟨Büdös.⟩
It's stinky [stuffy] in here.	Rossz [áporodott] a levegő itt bent.
Let's open the window (to let in some fresh air).	Nyissuk ki az ablakot (engedjünk *(engegy-gyünk)* be egy kis friss levegőt) !
It's cold [cool, warm, hot] (enough).	(Elég) hideg [hűvös, meleg, forróság] van.
Are you ⟨Do you feel⟩ cold?	Fázik?
Are you ⟨Do you feel⟩ warm?	Melege van?
Are you warm enough?	Elég melege van?
Put this on to keep you warm.	Vegye ezt fel, hogy ne fázzon !

4. Memory

4. Emlékezet

Do you remember it?	Emlékszik (rá)?
I remember (it).	Emlékszem (rá).
I can't remember (it).	Nem emlékszem (rá).
I forgot [have forgotten] it.	Elfelejtettem.
I can't think of it (now). *It doesn't occur to me (now).*	(Most) nem jut az eszembe.
I forgot his name [address].	Elfelejtettem a nevét [címét].
I won't forget it.	Nem fogom elfelejteni.

cs = *ch* in *chalk ;* dzs = *j* in *jazz ;* ly = *y* in *yes ;* sz = *s* in see ; zs = *s* in *pleasure ;* accent marks vowel length

I forgot about it (completely).	(Teljesen) elfeledkeztem róla.
I forgot to bring it.	Elfelejtettem elhozni.
Don't let me forget about it.	Ne engedje (engeggye), hogy elfeledkezzem róla.
Good of you to remind me.	Jó, hogy az eszembe juttatta.
That reminds me ...	Erről jut az eszembe, hogy ...
May I remind you of your promise?	Emlékeztethetem az ígéretére?

E. Opinion, Mind

1. Understanding, Comprehension, Knowledge

E. Vélemény

1. Megértés, felfogás, tudás

I know (that).	(Azt) tudom.
I understand ⟨see⟩.	Értem.
I don't know (that).	(Azt) nem tudom.
I have no idea (about it).	Fogalmam sincs (róla).
I didn't know that.	Ezt nem tudtam.
I (don't) know that [him, them].	(Nem) ismerem ezt [őt, őket].
I can't see why (not).	Nem értem, miért (nem).
I (very much) doubt it.	(Erősen) kétlem.
There's no doubt about it.	Kétségtelen (kéccségtelen).
You know (what I mean)?	Érti?

a — like o in *not*; e — like *ts* in *puts*; o — like Scottish o in *go*; r — like Scottish *r*; s = *sh* in *she*; u — like *oo* in *look*

2. Agreement, Disagreement. Affirmation, Negation

2. Helyeslés, ellenkezés. Igenlés, tagadás

(Oh) yes!	(Ó) igen!;
	(protesting) De igen!
Of course.	Természetesen!
	⟨Hogyne!⟩
No, . . . not . . .	Nem.
I think [suppose, believe] so.	Azt hiszem.
I don't think [suppose, believe] so.	Nem hiszem.
I hope [expect] so.	Remélem.
I don't expect so.	Nem hiszem.
That's right.	Igaz! ⟨Úgy van!⟩
That's not true.	Nem igaz!
(That's) all right!	Jó! ⟨Helyes! Rendben van!⟩
Quite so ⟨*true*⟩.	Tökéletesen egyetértek.
You're (quite) right.	(Teljesen) igaza van!
You're wrong.	Nincs igaza!
I don't think you're right.	Téved!
I don't agree with you (there).	Nem értek egyet önnel (ebben).
I'm afraid you're mistaken (there).	Attól tartok; ön téved (ebben).
(It's) nonsense!	Képtelenség!
I don't believe a word of it.	Egy szót sem hiszek el belőle.

---

cs = *ch* in *chalk*; dzs = *j* in *jazz*; ly = *y* in *yes*; sz = *s* in *see*; zs = *s* in *pleasure*; accent marks vowel length

3. Liking. Pleasure. Satisfaction

3. Tetszés. Megelégedés

I like this [him, them].	Szeretem ezt [őt, őket].
I like doing it.	Szeretem csinálni.
I've enjoyed it immensely.	Roppantul élveztem.
Do [did] you like it?	Tetszik *(teccik)*? [Tetszett *(teccett)*?]; *(taste)* Ízlik? [Ízlett?]
I like it (very much).	(Nagyon) tetszik *(teccik); (taste)* (Nagyon) ízlik.
I liked it (very much.)	(Nagyon) tetszett *(teccett); (taste)* (Nagyon) ízlett.
It amused me very much.	Nagyon szórakoztatott.
She is very nice [sweet] (to me).	Nagyon kedves [aranyos] (hozzám).
He's a very decent [pleasant, obliging, intelligent, interesting, good-looking] man.	Nagyon rendes [kedves or kellemes, szolgálatkész, okos, érdekes jóképű] ember.
She's a very nice [charming] woman [girl].	Nagyon kedves [bájos] nő [leány].
He [she] is a well-behaved boy [girl].	Jó magaviseletű fiú [leány].
He is a real good sort.	Igazi rendes ember [(female) nő].
They are very nice people.	Nagyon rendes emberek.
We get along quite well together.	Egész jól összeférünk (egymással).
It suits me well.	Nekem megfelel.
How are you satisfied with it?	Hogy van megelégedve (vele)?

a — like o in not; e — like ts in puts; o — like Scottish o i
go; r — like Scottish r; s = sh in she; u — like oo in loo

216

I'm very satisfied (with it). I'm very happy (about it).	Nagyon meg vagyok (vele) elégedve.
It's very pleasant (here).	Nagyon kellemes (itt).
How do you like it here?	Hogy érzi magát itt?
I'm (perfectly) all right.	(Tökéletesen) jól érzem magam.
I'm very glad ⟨happy⟩ to be here.	Nagyon jól érzem magam itt.
(Very) good [splendid, magnificent, excellent, lovely, topping].	(Nagyon) jó [pompás, nagyszerű, kitűnő, édes, klassz (colloquial)].

4. Dislike. Displeasure. Dissatisfaction
4. Nemtetszés. Elégedetlenség

I hate it.	Nem szeretem. ⟨Utálom.⟩
I don't like it.	Nem szeretem.
I hate doing that sort of thing.	Nem szeretem ⟨utálom⟩ csinálni az ilyen dolgokat.
Don't you like it?	Nem tetszik (teccik)? ; (taste) Nem ízlik?
Didn't you like it?	Nem tetszett (teccett)?; (taste) Nem ízlett?
I don't like him [them].	Nem szeretem őt [őket].
I don't like it.	Nem tetszik (teccik); (taste) Nem ízlik.
I didn't like it (so much).	Nekem nem tetszett (teccett) (annyira); (taste) Nekem nem ízlett (annyira).

es = ch in *chalk;* dzs = j in *jazz;* ly = y in *yes;* sz = s in *see;* zs = s in *pleasure;* accent marks vowel length

I haven't enjoyed [didn't enjoy] it (a bit).	Nem élveztem (egy cseppet sem).
He is a rude [wicked, malicious, aggressive, impertinent, sly, unreliable, conceited] man.	Durva [gonosz, rosszindulatú, agresszív, szemtelen, ravasz, megbízhatatlan, beképzelt] ember.
He is a badly-behaved [naughty] child.	Rossz magaviseletű [komisz] gyerek.
A most unpleasant person.	Rendkívül kellemetlen alak.
I avoid meeting him.	Kerülöm a társaságát.
We can't get along (very well).	Nem (nagyon) férünk össze.
He is a fool [nuisance].	Ostoba [kellemetlen] alak.
He is [they are] inefficient.	Nem ért a dolgához [nem értenek a dolgukhoz].
He may be all right, but I don't like him.	Lehet, hogy rendes, de nekem nem tetszik (teccik).
It doesn't suit me (at all).	Nekem (egyáltalán) nem felel meg.
I am not satisfied (with it). I am not very happy (about it).	Nem vagyok megelégedve (vele).
It's very unpleasant (here).	Nagyon kellemetlen (itt).
(Too) bad [awful, horrible, disgusting].	(Nagyon) rossz [szörnyű, rémes, undorító] !
Bad luck! I'm up against it!	Pech. (Pechem van.)

a — like o in *not*; c — like *ts* in *puts*; o — like Scottish o in *go*; r — like Scottish r ; s — *sh* in *she*; u — like *oo* in *look*

5. Warning[*]

I want to warn you.	Figyelmeztetni akarom.
Please behave yourself.	Viselkedjék *(viselkegy-gyék)* rendesen !
Look out! ⎫	
Be careful! ⎬	Vigyázzon !
Take care! ⎭	

6. Protest. Disapproval. Complaint

6. Tiltakozás. Rosszallás. Panasz

I protest!	Tiltakozom !
No, I don't mean that.	Nem ezt mondom. ⟨Nem úgy értem.⟩
No, I didn't say that.	Én nem ezt mondtam.
No, I didn't say anything of the sort.	Én semmi ilyet nem mondtam.
You've misinterpreted what I said.	Félreértette, amit mondtam.
You can't do that.	Ezt nem teheti meg.
How dare you?	Hogy merészel?
It's not done. ⟨It's not proper.⟩	Ez nem illik.
It's not fair.	Ez nem *fair*.
I won't put up with it [that].	Ezt nem tűröm el.
I wish ⟨am going⟩ to complain against ...	Panaszt akarok tenni ... ellen.
I wish ⟨am going⟩ to make a written complaint.	Írásban akarok panaszt tenni.
Let me have " vásárlók könyve".	Kérem a panasz-könyvet.

* See also **Warnings**, p. 219.

cs = *ch* in *chalk* ; dzs = *j* in *jazz* ; ly = *y* in *yes* ; sz = *s* in *see* ; zs = *s* in *pleasure* ; accent marks vowel length

Note.—"Vásárlók könyve" is an official book in shops and public places in which customers and visitors can enter their complaints about the service or individuals, or any fault they find. The complaint will be looked into, and an answer sent to given address within 8 days.

I want to report this to the police [director].	Feljelentést akarok tenni ezellen a rendőrségen [az igazgatónál].

7. Advice*   7. Tanács

Please give me some advice.	Adjon *(aggyon)* nekem tanácsot!
I advise you to do that.	Ezt tanácsolom önnek
I should (not) do it if I were you.	Ezt (nem) tenném az ön helyében.
That's a (jolly) good idea.	(Remek) jó ötlet.
That's not a very good idea.	Nem valami jó ötlet.
I wouldn't do that.	Ezt nem tenném.
Please don't do that (again).	Kérem, ne tegye (máskor)!

8. Suggestion. Decision   8. Indítvány. Elhatározás

May I make a suggestion?	Tehetek egy javaslatot?
I suggest that ...	Azt ajánlom, hogy ...

* See further under particular subjects.

a — like o in *not*; e — like *ts* in *puts*; o — like Scottish o in *go*; r — like Scottish r; s — *sh* in *she*; u — like *oo* in *look*

I have a proposition ⟨an idea⟩.	Van egy javaslatom ⟨ötletem⟩.
Look here ...	Figyeljen ide ...
Listen to this ...	Hallgassa meg ...
I tell you what.	Mondok valamit.
What do you say to this [that]?	Mit szól ehhez [ahhoz]?
What about	Mi lenne, ha
starting now?	elindulnánk most?
going there?	elmennénk oda?
waiting here [there]?	várnánk itt [ott]?
calling him up?	felhívnánk?
Is it all right with [for] you?	Rendben van?
It's all right with me.	Részemről rendben van.
What am I to do?	Mit tegyek?
I'll do that.	Azt fogom csinálni.
Have you made up your mind?	Döntött már?
Make up your mind (now).	(Most) döntsön (döncsön) !
I've made up my mind.	Döntöttem.
I know what to do.	Tudom, hogy mit tegyek.
Let's go [do it].	Menjünk (mennyünk) ! [Csináljuk meg !]

9. To Say that Something Is (not) Important

9. Annak kifejezése, hogy valami (nem) fontos

It's (very) important [urgent].	(Nagyon) fontos [sürgős].
It's not important.	Nem fontos ⟨lényeges⟩.

cs = ch in chalk; dzs = j in jazz; ly = y in yes; sz = s in see; zs = s in pleasure; accent marks vowel length

221

It makes no [little] difference.	Nem [alig] számít.
I don't care.	Nem érdekel.
It doesn't (much) matter.	Nem (sokat) számít.
Never mind.	Ne törődjék (törőggyék) vele! (Nem baj!)
I don't mind (at all). It's (all) the same to me. }	Nekem (teljesen) mindegy.
Don't worry about that [me].	Ne törődjék (törőggyék) azzal [velem]!
I shan't bother about it for the moment.	Egyelőre nem izgatom magam vele.

10. Possibility. Probability. Certainty

10. Lehetőség. Valószínűség. Bizonyosság

It's possible.	Lehet(séges) (leheccséges).
It may (very well) be so.	(Nagyon is) lehet.
I think so.	Azt hiszem.
It's impossible.	Nem lehet. (Lehetetlen.)
It can't be so.	Az nem lehet.
I don't think so.	Nem hiszem.
Perhaps. Possibly. }	Talán.
Probably.	Valószínűleg.
Very likely.	Nagyon valószínű.
It's (most) unlikely.	Nem (nagyon) valószínű.
Surely. Certainly. }	Biztosan.
It's certain.	Ez biztos.
It's not certain.	Ez nem biztos.

a — like o in *not* ; e — like *ts* in *puts* ; o — like Scottish o in *go* ; r — like Scottish *r* ; s = *sh* in *she* ; u — like oo in *look*

222

No doubt.	Bizonyára.
You may believe me.	Elhiheti nekem.
It really is so.	De bizony !
It must be so.	Biztos így van.
It's absolutely ⟨dead⟩ certain.	Holtbiztos.
It's a fact.	Ez tény.
Sure?	Biztos?

11. Necessity   11. Szükségesség

I must ⟨have to⟩ ...⟩ *You must ⟨have to⟩...⟩*	...kell ⟨muszáj, kötelező⟩.
It's compulsory.	Kötelező ⟨muszáj⟩...
It's (not) necessary.	(Nem) szükséges.
I needn't (do it).	Nekem nem kell ⟨muszáj⟩ (megtennem).
You needn't (do it).	Önnek nem kell ⟨muszáj⟩ (megtennie).

F. Affections   F. Érzelmek

1. Feelings. Emotions   1. Érzelmek. Lelkiállapot

I'm happy [contented, all right].	Boldog [elégedett, jól] vagyok.
I'm in high [low] spirits.	Jókedvű [rosszkedvű] vagyok.
I feel fine.	Jól érzem magam.
I'm enjoying myself greatly.	Nagyon jól szórakozom.

cs = *ch* in *chalk;* **dzs** = *j* in *jazz;* **ly** = *y* in *yes;* **sz** = *s* in *see;* **zs** = *s* in *pleasure;* accent marks vowel length

I'm sad [moody, angry, worried, disappointed, nervous ⟨irritable⟩].

Szomorú [rosszkedvű, dühös, izgatott, csalódott, ideges] vagyok.

I feel really very sorry for you.

Igazán nagyon sajnálom önt.

Don't be angry with me.

Ne haragudjék ⟨haraguggyék⟩ rám!

I'm in a bad temper.

Mérges vagyok.

He is getting on my nerves.

Idegesít. ⟨Az idegeimre megy.⟩

I'm very much interested in it.

Nagyon érdekel.

I feel hurt.

Meg vagyok sértve.

I feel ashamed.

Szégyellem magam.

I feel lonely.

Egyedül érzem magam.

I'm very much moved.

Meg vagyok hatva.

I've fallen in love with you.

Magába szerettem.

I love you.

Szeretem magát. ⟨Szeretlek.⟩ (See Introduction, pp. 13-14.)

I've taken a (great) fancy to her.

(Nagyon) megtetszett ⟨megleccett⟩ nekem.

I'm in love with her.

Szerelmes vagyok bele.

a — like o in *not* ; c — like *ts* in *puts* ; o — like Scottish o in *go* ; r — like Scottish *r* ; s = *sh* in *she* ; u — like *oo* in *look*

Appendix A

Supplementary Lists of Words — Kiegészítő szójegyzékek

1. Personal Pronouns — Személyes névmások

I	én		we	mi
you* {	te		you {	ti
	ön			önök
	maga			maguk
he, she	ő			
it	az		they	ők, azok

2. Animals** — Állatok

a. Domestic Animals, Házi állatok

bull	bika	mule	öszvér
cat	macska	ox	ökör
cow	tehén	pig	disznó
dog	kutya	pussy-cat	cica
donkey	szamár	domestic rabbit	házinyúl
goat	kecske	sheep	juh *(ju)*
horse	ló	watch-dog	házőrző kutya

b. Domestic Birds. Fowl Házi madarak, szárnyasok

canary	kanári	hen	tyúk
chicken	csirke	parrot	papagáj
cock	kakas	peacock	páva
duck	kacsa	pigeon	galamb
goose	liba	turkey	pulyka

* See Introduction, pp. 15—16.

** Only the more important animals found in Hungary are included in the lists.

cs = ch in *chalk*; dzs = *j* in *jazz*; ly = *y* in *yes*; sz = *s* in *see*
zs = *s* in *pleasure*; accent marks vowel length

c. Wild Animals, Game/Vadállatok, vadak

badger	borz	otter	vidra
boar	vaddisznó	polecat	görény
deer	öz	rat	patkány
fox	róka	stag	szarvas
hare	nyúl, vad~	weasel	menyét
hedgehog	sündisznó	wild-cat	vadmacska
lynx	hiúz	wolf	farkas
mouse	egér		

d. Wild Fowl/Vadmadarak

blackbird	feketerigó	rook	varjú
eagle	sas	sparrow	veréb
hawk	sólyom	stork	gólya
lark	pacsirta	swallow	fecske
partridge	fogoly	wild-duck	vadkacsa
pheasant	fácán	wood-pigeon	vadgalamb

c. Insects/Rovarok, bogarak

ant	hangya	dragon-fly	szitakötő
bug	poloska	flea	bolha
bee	méh *(mé)*	fly	légy
black-beetle	svábbogár	gnat	szúnyog
butterfly	lepke	wasp	darázs
cockchafer	cserebogár		

3. Plants* — Növények

a. Trees and Bushes/Fák, bokrok

acacia (tree)	akácfa	larch	vörösfenyő
ash	kőrisfa	lime	hársfa
beech	bükkfa	maple	juharfa
birch	nyírfa	oak	tölgyfa
elm	szilfa	olive tree	olajfa
fir	fenyőfa	pine	fenyőfa
hawthorn	galagonya	poplar	jegenyefa, nyárfa
hazel-nut	mogyoró	walnut	diófa
horse-chestnut	vad-gesztenyefa	willow	fűzfa
		yew	tiszafa

*For flowers see p. 142, for fruits see p. 144.

a — like o in *not* ; e — like *ts* in *puts* ; o — like Scottish o in *go* ; r — like Scottish *r* ; s = *sh* in *she* ; u — like *oo* in *look*

226

b. Cereals/Gabonafélék

barley	árpa	rice	rizs
corn	gabona	rye	rozs
maize	kukorica (tengeri)	wheat	búza
oats	zab		

c. Industrial Plants/Ipari növények

flax	len	poppy	mák
hemp	kender	sun-flower	napraforgó
hop	komló		

4. The Universe — A világegyetem

atmosphere	légkör (atmoszféra)	planet(s)	bolygó(k)
		space	űr
earth	föld	star(s)	csillag(ok)
horizon	látóhatár (horizont)	sun	nap
moon	hold		

5. Dimensions — Kiterjedés

big	nagy	low	alacsony
broad	széles	narrow	szűk
deep	mély	shallow	sekély
great	nagy	short	rövid
high	magas	small	kicsi
huge	hatalmas	tall	magas
immense	óriási	thick	vastag
large	nagy	thin	vékony
little	kicsi	tiny	pici
long	hosszú	wide	széles

6. Forms, Shapes — Forma, ·alak

angular	szögletes	elongated	hosszúkás
blunt	tompa	even	egyenletes, sík
circle	kör	flat	lapos
circular	kerek	oval	ovális
concave	homorú	pointed	hegyes
conical	kúp alakú	rectangular	derékszögű
convex	domború	rough	durva
cube	kocka	round	kerek
curved	görbe	shapeless	alaktalan

cs = ch in *chalk*; dzs = j in *jazz*; ly = y in *yes*; sz = s in
see; zs = s in *pleasure*; accent marks vowel length

shapely	formás	symmetrical	szimmetrikus
sharp	éles	triangle	háromszög
sphere	gömb	triangular	háromszögletes
square	négyszögletes	uneven	egyenetlen
straight	egyenes	wavy	hullámos

7. Direction, Position — Irány, helyzet

above	fent	north-east	északkelet
behind	hátul	north-west	északnyugat
below	lent	on the left	balra
between	között	on the right	jobbra
beyond	túl	opposite	szemben
east	kelet	parallel	paralel
far	messze	round	körben
horizontal	vízszintes (víz-	south	dél
	szintes)	south-east	délkelet
in front	elöl	south-west	délnyugat
near	közel	vertical	függőleges
north	észak	west	nyugat

8. Colours — Színek

auburn	gesztenyebarna	light	világos
beige	beige	lilac	halványlila
black	fekete	navy blue	tengerészkék
blue	kék	orange	narancssárga
bright	élénk		(narancs-sárga)
brown	barna	pastel	pasztell
claret	bordó	pink	rózsaszín(ű)
coral	korall	purple	bíbor
dark	sötét	red	piros (vörös)
emerald	smaragd	violet	sötétlila
green	zöld	white	fehér
grey	szürke	yellow	sárga
khaki	khaki		

9. Numerals — Számok

a. Cardinals/Tőszámnevek

b. Ordinals/Sorszámnevek

1	egy	1st	első
2	kettő	2nd	második
3	három	3rd	harmadik
4	négy	4th	negyedik

a — like *o* in *not*; **e** — like *ts* in *puls*; **o** — like Scottish *o* in *go*; **r** — like Scottish *r*; **s** — *sh* in *she*; **u** — like *oo* in *look*

5	öt	5th	ötödik
6	hat	6th	hatodik
7	hét	7th	hetedik
8	nyolc	8th	nyolcadik
9	kilenc	9th	kilencedik
10	tíz	10th	tizedik
11	tizenegy	11th	tizenegyedik
12	tizenkettő	12th	tizenkettedik
20	húsz	20th	huszadik
21	huszonegy	21st	huszonegyedik
22	huszonkettő	22nd	huszonkettedik
30	harminc	30th	harmincadik
40	negyven	40th	negyvenedik
50	ötven	50th	ötvenedik
60	hatvan	60th	hatvanadik
70	hetven	70th	hetvenedik
80	nyolcvan	80th	nyolcvanadik
90	kilencven	90th	kilencvenedik
100	száz	100th	századik
105	százöt	105th	százötödik
200	kétszáz (kettőszáz)	200th	kétszázadik (kettőszázadik)
700	hétszáz (hetes-száz)	700th	hétszázadik (hetes-száza-dik)
1000	(egy) ezer	1000th	ezredik
1961	ezerkilencszáz-hatvanegy	1961st	ezerkilencszáz-hatvanegyedik
10,000	tízezer	10,000th	tízezredik
100,000	százezer	100,000th	százezredik
1,000,000	(egy) millió	1,000,000th	milliomodik

c. Fractional Numbers/Törtszámok

1/4	=	(egy)negyed	0.25 =	nulla egész huszonöt század
1/3	=	(egy)harmad	0.33 =	nulla egész harminchárom század
1/2	=	fél	0.5 =	nulla egész öt tized
2/3	=	kétharmad	0.66 =	nulla egész hatvanhat század
3/4	=	háromnegyed	0.75 =	nulla egész hetvenöt század
7/5	=	hétötöd	1.4 =	egy egész négy tized

cs = ch in *chalk*; dzs = j in *jazz*; ly = y in *yes*; sz = s in *see*; zs = s in *pleasure*; accent marks vowel length

d. Percentage/Százalék

100 %	= száz százalék	25 %	= huszonöt százalék
50 %	= ötven százalék	15 %	= tizenöt százalék

e. Index Number/Szorzószám

once	egyszer	six times	hatszor
twice	kétszer	seven times	hétszer
three times	háromszor	eight times	nyolcszor
four times	négyszer	nine times	kilencszer
five times	ötször	ten times	tizszer

Appendix B

Inscriptions — Feliratok

1. Warnings, Notices	1. Figyelmeztető és tájékoztató feliratok
A kiállított tárgyakhoz nyúlni tilos	*Do not touch the exhibits*
Állj!	*Stop*
A pénztártól való távozás után reklamációt nem fogadunk el	*Complaints not accepted after having left the cash-desk*
Árjegyzék (Árlap)	*Price-list*
Árukiadás	*Goods here* ⟨*Packing-counter*⟩
Átépítés miatt zárva	*Closed because of renovation*
Átszállóhely	*Change here* ⟨*change stop, interchange station*⟩
Az áru itt fizetendő	*Pay here*
Az árusítás zavartalanul folyik	*Business proceeds in spite of disturbing circumstances*
Azonnal jövök	⟨*I*⟩ *will return soon*
Bejárat	*Entrance* ⟨*Way in*⟩
Belépés díjtalan	*Admission free*
Belépődíj	*Price of admission*
Belföldi levelek	*Inland letters*
Bemenet	*Way in*
„Bizalmas!"	*Confidential*
Csendet kérünk!	*Silence*
Csomag(feladás)	⟨*Counter for*⟩ *Parcels*
Dohányozni tilos!	*No smoking*
Ebédszünet miatt zárva	*Closed for lunch break*
Egyirányú közlekedés	*One-way traffic*

a — like *o* in *not* ; e — like *ts* in *puts* ; o — like Scottish *o* in *go* ; r — like Scottish *r* ; s — *sh* in *she* ; u — like *oo* in *look*

Életveszélyes !	*Danger!*
Elsősegély(hely)	*First aid (station)*
Érkezés	*Arrival(s) (at railway station etc.)*
Étlap	*Bill of fare ⟨Menu⟩*
Félfogadás : 11—13	*Office-hours ⟨Business-hours⟩ 11 a. m. — 13 p. m.*
Feltételes megállóhely	*Request stop*
Felvilágosítás	*Information*
Fényképezni tilos !	*No photos to be taken (on the premises)*
Férfiak	*Gentlemen*
Foglalt	*Engaged ⟨Occupied⟩*
Foglalt (asztal)	*Reserved (table)*
Frissen mázolva ⟨ Vigyázat, ∿⟩	*Wet paint*
Fűre lépni tilos !	*Keep off the grass*
Hölgyek	*Ladies*
Húzni !	*Pull*
Idegeneknek tilos a bemenet	*No strangers*
Indulás	*Departure(s) (at railway station, etc.)*
Jegypénztár	*Booking-office*
Jobbra hajts! Balra előzz !	*Keep to the right! Overtake on the left!*
Kérjük a lábakat letörölni	*Wipe your feet, please*
Kérjük az ajtót becsukni	*Close the door, please*
(Kérjük) jelezzen a megálló előtt, ha leszállni kíván	*Please press button here if you wish to get off at next stop*
Kihajolni veszélyes !	*Do not lean out of the window*
Kijárat	*Exit*
Kutyát (kerékpárt) bevinni tilos	*No dogs (cycles) allowed beyond this point*
Lassan hajts !	*(Drive) slowly !*
Leltár(ozás) miatt zárva	*Shop closed because of stock-taking*
Levél(feladás)	*(Counter for) Letters*
(Mára) minden jegy elkelt	*All seats sold (for today)*
Megállóhely	*Stop (for bus or tram, etc.)*
Megtelt !	*Full up*
Mély víz ! Csak úszóknak	*For swimmers only*
Mentők : 04	*Ambulance 04*
Nem dohányzó(nak)	*No smokers*
Nők	*Women*
Nyitva(tartási idő)...-től...-ig	*Open from ... till ...*
Parkolni tilos !	*No parking*

es = *ch* in *chalk*; dzs = *j* in *jazz*; ly = *y* in *yes*; sz = *s* in *see*; zs = *s* in *pleasure*; accent marks vowel length

Pénztár	Cash-desk; (railway station) Booking-office; (cinema, etc.) Box-office
Peron	Platform
Postai díjszabás	Postal rates
Postai értékcikkek	Stamps, etc.
Postai irányítószám	Postal code
Postautalvány-, csekk(feladás)	Postal ⟨Money⟩ orders
Rendel ⟨fogad⟩ 3-tól 5-ig	Consulting hours 3-5 p. m.
Rendőrség: 123-456	Police 123-456
Rögtön jövök	I will return immediately
Ruhatár (ingyenes [kötelező])	(Free [obligatory]) Cloak-room
Szabad	⟨taxi⟩ For hire ⟨Vacant⟩
Szemét	Litter ⟨Garbage⟩
Tatarozás miatt zárva	Closed because of renovation
Távirat(feladás)	(Counter for) Telegrams
Taxiállomás	Taxi-rank ⟨-stand⟩
Telt ház	Full house
Terhes anyák részére	For expectant mothers
Tilos a bemenet!	No admittance
Tilos a dohányzás!	No smoking
Tolni!	Push
Törékeny!	Fragile
Tűzoltók: 05	Fire 05
Urak	Gentlemen
Út elzárva	Road (temporarily) closed
Ügyeletes gyógyszertár	Chemist's on night duty
Ügyelj(ünk) a tisztaságra!	Keep this place clean
Vágány	Platform
Vám	Customs
Váróterem	Waiting-room
Vészfék	Alarm ⟨Emergency brake⟩
Vészkijárat	Emergency exit
Vigyázat, a tetőn dolgoznak!	Danger! Work overhead
Vigyázz!	Beware ⟨Caution⟩
Vigyázz, a kutya harap!	Beware of the dog
Vigyázz, ha jön a vonat!	Beware of trains
W. C. ⟨00⟩	W. C. ⟨Lavatory, Toilet⟩
Zárva	Closed

## 2. Signboards	## 2. Cégtáblák
AJÁNDÉK(BOLT)	Gift Shop
ANTIKVÁRIUM	Second-hand Book Shop
ÁPISZ	Stationery
ÁRUHÁZ	Department Store

a — like o in not; e — like ts in puts; o — like Scottish o in go; r — like Scottish r; s = sh in she; u — like oo in look

BIZOMÁNYI ÁRUHÁZ (abbr. BÁV)	Commission Shop (for used clothes or antiques, etc.)
BORKÓSTOLÓ	Wine Shop (where different wines can be sampled)
BOR, SÖR (BOROZÓ)	Public House
BUFFET (BÜFÉ)	Snack bar (Buffet)
CUKORKA	Sweet Shop
CUKRÁSZDA	Confectionery
CSEMEGE (KÖZÉRT)	Delicatessen Shop
DOHÁNYBOLT	Tobacconist's
ÉDESSÉGBOLT	Sweet Shop
ESPRESSO	Espresso
ÉTTEREM	Restaurant
FAGYLALT	Ice-cream
GYÓGYSZERTÁR	Chemist's
GYORSKISZOLGÁLÓ BOLT	Quick Service Shop
HÁZTARTÁSI BOLT	Shop for household articles
IBUSZ	Travel Agency
ILLATSZERBOLT	Perfumery
ITALBOLT (ITALHÁZ)	Public House (Wine Shop)
KÁVÉHÁZ	Café and Restaurant
KERAVILL	Shop for bicycles, radio sets and electrical appliances
KÖZÉRT (FŰSZER-CSEMEGE)	Food Store (Grocery)
LEVENDULA (ILLATSZERBOLT)	Perfumery (Toilet Supplies)
MACKÓ BUFFET (BÜFÉ)	Snack bar selling choice food
MOZI	Cinema
NÉPMŰVÉSZET, HÁZIIPAR	(Hungarian) Folk Art and Handicraft Shop
OFOTÉRT	Shop for optical and photographic articles
OTP	Savings Bank
ÓRA, ÉKSZER	Shop for watches and jewelry
ÖNKISZOLGÁLÓ BOLT	Self-Service Shop
ÖNKISZOLGÁLÓÉTTEREM	Help Yourself Restaurant
PÁLYAUDVAR	Station
PAPÍR, ÍRÓSZER	Stationery
PATIKA	Chemist's
PATYOLAT	Laundry
POSTA	Post-office
RAVILL	Shop for radio and television sets and electrical appliances
RÖLTEX (RÖVIDÁRU)	Haberdashery (small wares)

cs = ch in chalk; dzs = j in jazz; ly = y in yes; sz = s in see;
zs = s in pleasure; accent marks vowel length

SZÁLLÓ (SZÁLLODA)	*Hotel*
SZIVÁRVÁNY	*Dry Cleaner*
TEJ, TEJTERMÉK	*Shop for dairy products*
TEJVENDÉGLŐ	*Milk Bar*
TRAFIK	*Tobacconist's*
UTASELLÁTÓ	*Passangers' Restaurant*
	(at station or on train)
UTAZÁSI IRODA	*Travel Agency*
VENDÉGLŐ	*Restaurant*

Appendix C

The Hungarian Monetary And Measuring System — A magyar pénz- és mértékrendszer

Money — Pénz
1 forint = 100 fillér

Weights — Súlymértékek

1 gramm = 0.564 dram
1 deka(gramm) = 0.352 ounce
1 kilogramm ⟨kiló⟩ = 2.205 pounds
1 (méter)mázsa = 100 kg

1 dram = 1.77 grams
1 ounce = 28.35 grams
1 pound = 45.36 decagrams

1 stone = 6.35 kilograms
1 hundredweight = 50.80 kilograms

Liquid Measure — Űrmértékek

1 deci(liter) = 3.52 fluid ounce
1 liter = 1.76 pints
1 hektoliter = 22 gallons

fluid ounce = 28.4 cm³
pint = 0.568 litre
quart = 1.136 litres
gallon = 4.544 litres

Linear Measure — Hosszmértékek

1 centiméter = 0.39 inch
1 méter = { 39.37 inches
1.09 yards
3.281 feet
1 kilométer = { 0.621 mile
0.539 nautical mile

1 inch = 2.54 centimetres
1 foot = 30.48 centimetres
1 yard = 91.44 centimetres
1 mile = 1609.33 metres
1 nautical mile = 1854.96 metres

a — like *o* in *not*; e — like *ts* in *puts*; o — like Scottish *o* in *go*; r — like Scottish *r*; s = *sh* in *she*; u — like *oo* in *look*

Square Measure — Területmértékek

1 hold = 1.412 acres	1 acre = 0.703 hold
1 négyzetméter = 10.764 square ft. 1.196 square yd.	1 square foot = 929.030 cm²
	1 square yard = 0.836 square metre
1 négyzetkilométer = 0.386 square mile	1 square mile = 2.590 square kilometres

Temperature — Hőmérséklet

0° Celsius = 32° Fahrenheit	0° Fahrenheit = —18° Celsius
100° Celsius = 212° Fahrenheit	212° Fahrenheit = 100° Celsius

$$X° \text{ Celsius} = \frac{9x}{5} + 32 \text{ Fahrenheit}$$

$$X° \text{ Fahrenheit} = \frac{(x - 32)\,5}{9} \text{ Celsius}$$

Appendix D

Some Common Abbreviations	Néhány közhasználatú rövidítés
áll. állami	*state-* (adjective)
áll. eng. államilag engedélyezve	*state-licensed*
a. m.	*that is (to say)*
BHÉV Budapesti Helyiérdekű Vasút	*Suburban Railways of Budapest*
BIP Budapesti Ipari Vásár	*Industrial Fair of Budapest*
BNV Budapesti Nemzetközi Vásár	*International (Trade) Fair of Budapest*
Bp. Budapest	*Budapest*
B. ú. é. k. Boldog új évet kívánok!	*Happy New Year!*
c. című	*entitled*
cm centi(méter)	*centimetre*
csatl. csatlakozás	*(railway) connection*
csüt. csütörtök	*Thursday*
D dél	*south*
db ⟨drb⟩ darab	*piece*
de. délelőtt	*a. m.*
DIVSZ Demokratikus Ifjúsági Világszövetség	*World Federation of Democratic Youth*
DK délkelet	*south-east*

cs = *ch* in *chalk;* **dzs** = *j* in *jazz;* **ly** = *y* in *yes;* **sz** = *s* in *see;* **zs** = *s* in *pleasure;* accent marks vowel length

dkg deka(gramm)	*decagram*
dl deci(liter)	*decilitre*
DNy délnyugat	*south-west*
dr. or **Dr.** doktor	*Doctor*
du. délután	*p. m.*
É észak	*north*
egy. (tanár) egyetemi (tanár)	*university (professor)*
ÉK északkelet	*north-east*
elvt. elvtárs(ak)	*comrade(s)*
em. emelet	*floor*
é. n. év nélkül	*no year (date)*
ÉNy északnyugat	*north-west*
érk. érkezik or érkezés	*(train, etc.) arrives, arrival*
et. elvtárs(ak)	*comrade(s)*
évf. évfolyam	*year, volume*
f. or **fill.** fillér	*fillér*
felv. felvonás	*Act*
folyt. köv. folytatása következik	*to be continued*
ford. fordította or fordító	*translated by, translator*
ford. fordíts !	*P. T. O.*
fszt. földszint	*ground floor*
ft. or **Ft.** forint	*forint*
g gramm	*gram*
gyv. gyorsvonat	*fast train*
h. (e. g. 4ʰ **[Latin hora])**	*o'clock (a. m. or p. m.)*
h. helyettes	*deputy*
hiv. hivatal or hivatalos	*office or official*
hl hektoliter	*hectolitre*
hrsz. helyrajzi szám	*topographical lot number*
IBUSZ Idegenforgalmi, Beszerzési, Utazási és Szállítmányozási Részvénytársaság	*Hungarian Travel Agency*
id. idősb	*senior*
i. e. időszámításunk előtt(i)	*before our era (B. C.)*
ifj. ifjabb	*junior*
ig. igazgató	*manager or director*
ill. illetve	*respectively*
ind. indul or indulás	*(train, etc.) departs, departure*
int. intézet	*Institute*
ism. ismeretlen	*anonymous, unknown*
i. sz. időszámításunk szerint(i)	*of our era (A. D.)*
jel. jelenet	*scene*
K kelet	*east*
k. or **köt.** kötet	*volume*

a — like *o* in *not*; **c** — like *ts* in *puts*; **o** — like Scottish *o* in *go*; **r** — like Scottish *r*; **s** = *sh* in *she*; **u** — like *oo* in *look*

kb. körülbelül	*approximately, about*
KEOK Külföldieket Ellen-őrző Országos Központ	*Aliens Department*
ker. kerület	*(administrative and postal) district*
kg kilogramm (kiló)	*kilogram*
KISZ Kommunista Ifjúsági Szövetség	*Communist Youth Association*
KKI Kulturális Kapcsolatok Intézete	*Institute for Cultural Relations*
km kilométer	*kilometre*
korm. kormány	*government*
kp. készpénz	*cash*
kv. könyv	*book*
l liter	*litre*
l. lap	*page*
l. or ld. lásd	*see*
lábj. lábjegyzet	*foot-note*
m méter	*metre*
m. magyar	*Hungarian*
m. megye	*county*
m. magas	*high*
MAHART Magyar Hajózási Részvénytársaság	*Hungarian Shipping Company*
MALÉV Magyar Légifor-galmi Vállalat	*Hungarian Airline Company*
MÁV Magyar Államvasutak	*Hungarian State Railways*
MÁVAUT Magyar Állam-vasutak Autóbuszüzeme	*Coach Service of the Hungarian State Railways*
megh. meghalt	*died*
mm milliméter	*millimetre*
mp másodperc	*second*
MSZBT Magyar—Szovjet Baráti Társaság	*Hungarian—Soviet Friendship Society*
MSZMP Magyar Szocialista Munkáspárt	*Hungarian Socialist Workers' Party*
MTA Magyar Tudományos Akadémia	*Hungarian Academy of Sciences*
MTI Magyar Távirati Iroda	*Hungarian Telegraphic Agency*
NB Nemzeti Bajnokság	*National (Football) League Championship*
Ny nyugat	*west*
ny. nyilvános	*public*
ny. nyugalmazott	*retired*

es = *ch* in *chalk;* **dzs** = *j* in *jazz;* **ly** = *y* in *yes;* **sz** = *s* in *see;* **zs** = *s* in *pleasure;* accent marks vowel length

o. or **old.** oldal	*page*
ó óra	*o'clock*
okl. okleveles	*certificated*
olv. olvasd(!)	*read*
oszt. osztály	*class, department*
OTP Országos Takarék-pénztár	*National Savings Bank*
özv. özvegy	*widow(er)*
p perc	*minute*
pl. például	*for example*
pu. pályaudvar	*railway station*
q métermázsa	*quintal*
röv. rövidítés **or** rövidítve	*abbreviation or abbreviated*
s. segéd	*assistant*
s. k. saját kezűleg	*with one's own hand (manu proprio)*
stb. s a többi	*etc.*
sz. század **or** számú	*century or No.*
SZOT Szakszervezetek Országos Tanácsa	*Hungarian Trades Union Council*
szöv. szövetkezet(i)	*co-operative*
szül. született	*born, née*
szv. személyvonat	*slow train*
t tonna	*ton*
T. telefonszám	*telephone number*
T. or t. tisztelt	*honoured*
T. C. Tisztelt Cím!	*Sir, [Madam,]*
ti. tudniillik	*namely, that is (to say)*
tsz termelőszövetkezet(i)	*farmers' co-operative*
u. utca	*street*
ua. ugyanaz	*idem*
ui. ugyanis	*that is (to say)*
ún. úgynevezett	*so-called*
uo. ugyanott	*ibidem*
ü. o. ügyosztály	*department*
v. vagy	*or*
v. á. vasútállomás	*railway station*
vö. vesd össze	*compare*

a — like *o* in *not;* e — like *ts* in *puts;* o — like Scottish *o* in *go;* r — like Scottish *r;* s = *sh* in *she;* u — like *oo* in *look*

238